다가오는 미래,
전기차 사업 시나리오

다가오는 미래,
전기차 사업 시나리오

초판 1쇄 인쇄 2025년 02월 25일
1쇄 발행 2025년 03월 15일

지은이 이정원

대표 · 총괄기획 우세웅
책임편집 김은지
북디자인 김세경

종이 페이퍼프라이스㈜
인쇄 ㈜다온피앤피

펴낸곳 슬로디미디어
출판등록 2017년 6월 13일 제25100-2017-000035호
주소 경기 고양시 덕양구 청초로 66, 덕은리버워크 A동 15층 18호
전화 02)493-7780 **팩스** 0303)3442-7780
홈페이지 slodymedia.modoo.at **이메일** wsw2525@gmail.com

ISBN 979-11-6785-244-1 (03320)

글 ⓒ 이정원, 2025

다가오는 미래,
전기차 사업
시나리오

전기차 캐즘과 시장 전망 그리고
사업 전략에 대한 모든 것

이정원 지음

현대자동차 글로벌서비스실장 **박성린**

미래 자동차 산업은 전기차 중심으로 재편될 것이며, 전기차는 자동차를 넘어 수많은 영역에서 새로운 혁신을 가져올 것이다. 작가는 전기차 시대가 도래함에 따라 주요 사업별로 어떤 변화가 나타나고 무엇을 준비해야 하는지 명확하게 설명하고 있다. 한 권의 전략 보고서를 읽는 듯한 기분이 드는, 전기차 사업에 참여하고 있는 사람들이라면 꼭 읽어야 할 책이다.

현대오토에버 통합혁신센터장 **지두현**

2020년 이후 전기차 시장의 폭발적인 성장은 단순한 기술 혁신을 넘어 자동차 산업 전반과 모빌리티 생태계의 패러다임 전환을 이끌었고, 전동화는 자율주행과 함께 SDV 실현의 핵심 기반으로 자리매김하고 있다. 그러나 2023년 이후 시작된 시장 정체와 부정적 전망은 우리에게 중요한 질문을 던지고 있다. '전동화라는 거대한 흐름 속에서 과연 무엇을 준비하고 실행해야 하는가?'라는 질문이다.

이 책은 전기차 시장의 변화와 도전을 면밀하게 분석하여, 배터리 기술 경쟁력 강화, 충전 인프라 확대, 전기차 정비 사업의 전환, 폐배터리 재활용과 같은 새로운 기회의 탐색까지 사업별 나아갈 방향성을 명확히 제시한다. 특히, 변화의 동향을 일목요연하게 나열하고 각 도메인의 흐름을 저자의 분석적인 시각으로 제안한다는 점에서 전기차 시대를 선도하려는 모든 이에게 유익한 정보를 제공한다. 전동화의 미래는 이미 정해져 있다. 중요한 건 지금 무엇을 준비할지에 대한 전략과 실행이다. 전기차 시장에서 길을 찾고자 하는 사람들에게 큰 도움이 될 것이다.

쏘카 CBO **남궁호**

전동화는 모빌리티 산업의 커다란 전환점이 될 것이다. 전기차를 중심으로 기존 사업 영역들은 새롭게 재편되고 기존에 없던 신규 사업들이 나타나면서, 전기차 시대의 새로운 모빌리티 생태계가 구축될 것이다. 우리에게 필요한 것은 다가오는 전기차 시대를 어떻게 준비해야 할지에 대한 전략적 방향성이다. 그리고 이 책은 그 의문에 대한 답을 제시해 줄 것이다.

오픈마일 대표 **박경현**

전기차가 시대의 흐름이란 걸 부인할 사람은 없을 것이다. 전기차가 가져올 변화에 선제적으로 대응할 수 있는 전략과 실행력을 갖춰야만 다가오는 전기차 시대에 지속 성장할 수 있는 핵심 역량을 확보할 수 있을 것이다. 시중에 나온 전기차 관련 책들과 확실하게 차별화되는 책으로, 모빌리티 산업에서 오랜 기간 전문성을 쌓아온 작가가 말하는 전기차 시대의 변화와 전망은, 많은 사람들에게 중요한 시사점과 인사이트를 줄 것이다.

파워나비 대표 **김성욱**

본격적인 전기차 시대는 언제 올 것인가? 그리고 전기차 시대는 어떤 변화를 불러올 것인가? 모빌리티 산업에 종사하는 사람이라면 누구나 고민하고 있는 사항일 것이다. 이 책은 그 질문에 대한 냉철한 분석과 방향성을 제시하고 있다. 자동차, 배터리, 충전, 정비까지 전기차가 만드는 새로운 모빌리티 시대를 준비하기 위해 반드시 읽어야 할 책이다.

전기차, 자동차 산업의
새로운 패러다임을 제시하다

자동차 산업은 1886년 칼 벤츠가 세계 최초의 가솔린 엔진 자동차를 만들면서 시작되었다. 이후 자동차 산업은 대량생산 모델의 탄생, 할부 금융의 시작, 글로벌 자동차 기업 간의 합병과 같은 역사적인 사건을 거쳐 지금에 이르렀다.

이제 자동차는 단순한 이동 수단이 아닌, 사람들에게 최상의 이동 경험과 서비스를 제공하는 '모빌리티 라이프'를 선사하고 있다. 그리고 그 변화는 혁신적인 기술 개발에 기반해 점차 빨라지고 있으며 MECA(Mobility 모빌리티, Electrification 전동화, Connectivity 연결성, Autonomous 자율주행)부터 MaaS(Mobility as a Service, 서비스로서의 이동 수단), SDV(Software-Defined Vehicle, 소프트웨어 중심의 차량) 등 자동차 산업의 새로운 변화를 대표하는 수많은 트렌드를 만들고 있다.

자동차 산업에 있어 역사적 사건으로 기록될 최근의 가장 큰 변화는 '전동화', 즉 전기차 시대의 도래일 것이다. 사실 전기차는 미국과 유럽에서 18~19세기에 전기 배터리로 움직이는 자동차가 만들어졌다고 기록되어 있을 만큼 오래전에 탄생했다. 그러나 본격적인 전기차 시대의 서막은 테슬라가 모델 S(Model S)를 선보이고, 모델 3(Model 3)를 양산하기 시작한 시점일 것이다. 애플의 아이폰이 처음 세상에 나와 사람들을 사로잡은 것처럼, 테슬라의 전기차 또한 유려한 디자인과 뛰어난 성능으로 사람들의 마음을 단숨에 사로잡았다.

과연 전기차를 양산할 수 있을지에 대한 의문점이 가득했던 테슬라는, 토요타를 제치고 시가총액 1위의 자동차 회사로 등극했다. 테슬라가 보여 준 사업 임팩트는 내연기관 중심의 전통적인 자동차 제조사들에 엄청난 충격을 주었고, 전기차 개발과 독자적인 전동화 전략 로드맵 수립 등의 새로운 미래차 시장에서의 경쟁력을 확보하도록 만들었다.

전기차를 이해하는 데 있어 전기차 시대의 서막을 연 테슬라가 걸어온 길, 그들이 만든 성과와 역사를 아는 것은 중요하다. 그러나 더 중요한 게 있다. 본격적인 전기차 시대에 나타날 자동차 사업의 패러다임을 읽고 준비하는 것이다.

기존 내연기관 차량과 전기차의 가장 큰 차이점은 엔진과 변속기가 아닌, 배터리와 모터로 차량을 구동한다는 점, 가솔린과 디젤 연료가 아닌, 전기 에너지를 동력원으로 삼는다는 것이다. 이에 따라 자동차 제조사들은 차량 개발에서 생산, 판매, 정비에 이르기까지 전 사업을 전기차 중심으로 재편하고, 전기차 기반의 핵심 역량을 육성할 것이다. 또한, 전동화는 자동차 제조사뿐 아니라 다양한 사업 영역에서 커다란 변화를 만들어 내고, 자동차 산업을 넘어 모빌리티 생태계에 변화와 혁신을 가져올 것이다. 전기차와 함께 고속 성장하고 있는 전기차 배터리 사업과 전기차 충전 사업 그리고 새롭게 나타날 신사업까지 말이다.

물론, 이러한 변화 속에는 새로운 기회와 리스크가 공존한다. 그리고 기업이 그 속에서 지속 성장하기 위해서는 전기차로 인한 환경 변화에 선제적으로 대응하고, 차별화한 경쟁력을 확보하기 위한 전략과 실행력이 필요하다. 그 결과물은 새로운 사업 체계 구축이나 사업 구조의 변화가 될 수도 있고, 새로운 제품이나 서비스를 만드는 것일 수도 있다.

이 책은 본격적인 전기차 시대가 도래했을 때 자동차 산업에 어떤 변화가 일어나고 사업 영역별로 어떤 준비가 필요한지에 관한 고민에서 출발했다. 15년 넘게 자동차 제조사와 모빌리티 플랫폼 업체 등 글로벌 기업의 전략 부문에 재직하면서, 전동화가 가져온 자동차 산업의 변화를 온몸으로 체감했다. 그 변화는 사람들에게 잘 알려진 것도 있고, 아직까지 커다란 반향으로 인식되지 않는 것도 존재한다. 또한 전기차의 상품성에만 집중한 나머지, 주요 사업별 상황과 나아갈 방향에 대해서는 놓치고 있는 상황이다.

현재 국내에 출간된 전기차 관련된 도서들을 보면, 대부분 테슬라에 관한 책이거나 전기차 개발과 관련된 책이다. 전기차에 대한 이해와 테슬라에 대한 사람들의 관심을 충족시키기에는 충분하나, 전동화가 불러올 변화를 이해하기에는 다소 아쉬운 부분이 있다.

이 책은 전기차 시장에서 가장 큰 화두였던 전기차 캐즘과 전기차 시장 전망에 대한 분석을 시작으로, 본격적인 전기차 시대에 나타날 모빌리티 생태계의 변화에 관한 내용을 다루었다. 또한, 전기차의 핵심 사업 부문인 '자동차, 배터리, 충전, 정비, 타이어, 폐배터리' 사업의 변화와 미래 방향성에 대한 전략을 제시했다.

모빌리티 산업에 종사하고 있는 현직자로서, 이 책이 전기차 시대를 준비하고 있는 기업과 담당자들에게 조금이라도 도움이 되길 바란다.

이정원

목차

추천사   05

프롤로그 **전기차, 자동차 산업의 새로운 패러다임을 제시하다**   08

1장 ───────────────────

**전기차,
모빌리티 생태계의
새로운 전환점**

우리가 전기차에 주목해야 하는 이유   **17**

전기차 캐즘, 그 의미는 무엇인가?   **21**

본격적인 전기차 시대는 언제쯤 올 것인가?   **28**

2장 ───────────────────

**자동차 제조사,
전기차 시장을 주도하는
핵심 플레이어**

자동차 산업에서 모빌리티 산업까지,
그 중심에 있는 자동차 제조사   **37**

전기차 시대의 패권, 누가 가져갈 것인가?   **43**

전기차 시대를 만들어 가는
핵심 플레이어는 누구인가?   **48**

3장 ───────────────────

**전기차 배터리 사업,
과연 어디까지
성장할 것인가?**

전기차 배터리 사업,
전기차 시대의 진정한 주인공   **55**

전기차 배터리, 어떻게 진화하고 있는가?   **61**

미래 전기차 배터리 사업, 누가 주도할 것인가?   **73**

4장

전기차 충전 사업,
전기차 시장과 함께
성장하는 고부가가치 사업

전기차 시대의 영원한 숙제, 전기차 충전　　85

전기차 충전 사업, 누가 주도할 것인가?　　94

전기차 충전 인프라, 어떻게 진화할 것인가?　　109

5장

자동차 정비 사업,
전기차 시대의
생존 전략이 필요하다

자동차 산업의 핵심축, 자동차 정비 부문　　121

전기차 시대, 자동차 정비 사업의 대위기　　127

전기차 시대의 새로운 자동차 정비
사업 모델은 무엇인가?　　138

6장

전기차 시대,
새롭게 떠오르는
사업은 무엇인가?

전기차 타이어 전쟁은 이미 시작됐다　　149

전기차 윤활유, 정유사의 새로운
성장 동력이 될 수 있을까?　　154

전기차 폐배터리 재활용,
배터리 사업의 밸류체인을 완성하다　　160

모빌리티 서비스, 전기차 시대를
준비하기 위한 속도 조절이 필요하다　　166

에필로그 **전기차 시대가 다가오고 있다**　170

맺음말　174

참고 자료/참고 사이트　177

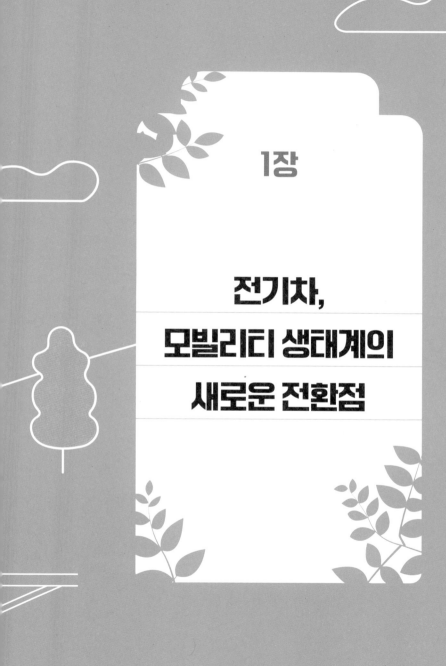

1장

전기차,
모빌리티 생태계의
새로운 전환점

우리가 전기차에
주목해야 하는 이유

전기차는 내연기관 차량과 달리 엔진과 변속기가 없고, 고전압 배터리에서 전기 에너지를 전기모터로 공급하여 구동력을 만드는 차량이다. 주행 시 화석연료를 전혀 사용하지 않아 이산화탄소(CO_2)와 질소 산화물(NOx)을 배출하지 않는 무공해 차량이며, 엔진이 없어 소음도 거의 없고 진동도 적다. 즉, 엔진과 변속기 대신 배터리와 모터가 달린, 그리고 대기오염을 발생시키지 않는 친환경 자동차로 볼 수 있다. 이러한 사실은 갈수록 중요해지는 친환경 경영 관점에서 매우 중요한 의미를 갖는다.

그러나 자동차 제조사 입장에서 더욱 중요한 것은 내연기관 차량의 핵심 부품인 엔진과 변속기가 없고, 고전압 배터리를 동력원으로 구동하는 것 자체다. 연구개발, 디자인, 생산, 품질, 판매, 서비스, 마케팅까지 회사의 모든 기능을 전기차 중심으로 재편하고, 시장 경쟁력을 강화하기 위한 새로운 핵심 역량을 육성해야 하기 때문이다. 140년 가까운 긴 역사를 지닌 자동차 산업에서 이러한 변화는 분명 이례적인 일이다.

앞으로 전기차는 자동차 제조업을 넘어 다양한 사업 영역에서 변화를 불러일으키고, 모빌리티 생태계를 재편하는 시발점이 될 것이다. 그리고 이것은 사업별로 새로운 기회가 될 수도 있고, 위기가 될 수도 있다.

기존 사업 영역에 있어 전기차 생태계는 기회라기보다 위기로 느껴질 것이다. 예를 들어, 주유업과 자동차 윤활유 사업을 하는 정유사에 있어 전기차의 등장은 위기로 작동한다. 전기를 동력원으로 하는 전기차의 비중이 높아질수록 주유소의 수는 지속 감소할 것이며, 본격적인 전기차 시대가 오면 결국 주유소는 사라지게 될 것이기 때문이다. 엔진오일로 대표되는 자동차 윤활유 사업 역시, 엔진오일이 필요 없는 전기차로 인해 사업이 축소될 것이다.

자동차 산업의 핵심축 중 하나인 자동차 정비 사업도 마찬가지다. 자동차 시장이 전기차 중심으로 전환되면, 정비 수요 감소에 따라 수익성이 감소할 것이며, 전기차 정비 기술 역량을 확보하지 못하면 업의 본질이 흔들리는 문제가 발생하게 된다.

반대로 전기차로 인해 새롭게 떠오르는 사업 영역도 존재한다. 우선 가장 크게 성장한 부문은 전기차 배터리 사업이다. 전기차의 핵심 부품인 고전압 배터리 기술을 보유한 배터리 제조사는, 전기차 시장에서 자동차 제조사 다음으로 큰 영향력을 가지게 되었다. 오랜 기간 쌓아온 배터리 기술력에 기반해 전기차 시장에서 독자적인 사업 영역을 구축했다고 볼 수 있다.

전기차 충전 사업 역시 새롭게 떠오른 사업 영역이다. 아직은 기존 주유소를 대체할 수준은 아니지만, 전기차 시장의 성장에 맞춰 충전기 개발, 충전소 구축, 충전 서비스 운영까지 다양하게 사업 영역을 확장하는 추세다. 전기차가 아무리 많이 팔려도, 충전할 수 있는 인프라가 부족하면 아무 의미가 없다. 충전소가 부족하고, 충전이 불편하면 전기차는 사람들에게 외면받게 될 것이다. 그렇기에 전기차 충전 인프라 구축 관련해서는 충전 사업자, 자동차 제조사 그리고 정부까지 나서서 투자와 지원을 기울이고 있고 사업은 지속 확대될 것이다.

전기차 시장을 기회로 보고 전기차 전용 제품을 만들어 사업을 확장하는 부문도 있다. 그중 가장 주목할 업체는 타이어 제조사다. 타이어 제조사는 현재 그 누구보다 적극적으로 전기차 전용 제품을 개발, 생산해 시장에 대응하고 있는데, 특히 전기차 타이어는 내연기관 차량 타이어보다 교체 주기가 짧아 수요가 높을 것으로 예상된다. 타이어 업체가 전기차 타이어를 성공적으로 시장에 안착시킬 수만 있다면, 그야말로 엄청난 사업 기회를 확보하게 되는 셈이다.

그 외 배터리 재활용 사업 등 전기차 관련 신사업이 등장하고 있으며, 기존 모빌리티 서비스 부문은 전기차 중심의 새로운 모델을 만들기 위해 준비하고 있다. 심지어 아파트와 같은 주거 환경 역시 전기차 충전과의 연계성이 중요해질 것이며, 관련 업체들은 어떤 식으로 최적의 모델을 만들지 고민해야 할 것이다.

전기차로 인해 변화되는 사업 영역

전기차	자동차 제조사	전기차 배터리	전기차 충전	자동차 정비
	전기차 타이어	전기차 윤활유	배터리 재활용	모빌리티 서비스

책의 서두에 언급한 것처럼, 전기차의 성장은 자동차 산업의 커다란 전환점이자 모빌리티 생태계의 새로운 패러다임을 제시할 역사적인 사건이 될 것이다. 중요한 것은 사업 영역별로 전기차가 가져올 변화가 무엇인지 충분히 이해하고 선제적으로 대응하는 것이다. 그래야만 새로운 사업 환경에서 차별화된 경쟁 우위를 확보하고, 지속 성장하는 사업 기반을 구축할 수 있다.

전기차 캐즘,
그 의미는 무엇인가?

    2024년, 전기차 시장의 가장 큰 화두는 '캐즘(Chasm)'이었다. 캐즘은 '첨단 기술 제품이나 서비스가 혁신적 성향의 소수 소비자가 지배하는 초기 시장에서, 일반인이 널리 사용하는 단계에 이르기 전에 일시적으로 수요가 정체하거나 후퇴하는 현상'을 말한다. 캐즘을 넘어서는 제품은 대중화되지만, 그렇지 못한 제품은 일부 얼리어답터의 전유물로 남거나 시장에서 사라지게 된다.

    전기차 시장의 성장세는 2023년 하반기부터 주춤하기 시작해 2024년 본격적으로 둔화하면서 자동차 제조사와 전기차 관련 업체들의 침체기를 불러일으켰다. 그리고 이러한 현상이 생각보다 길어지면서 '전기차 캐즘'이란 용어가 대두되기 시작했다. 그렇다면 전기차 시장은 정말로 캐즘이라는 위기 국면을 맞이한 것일까?

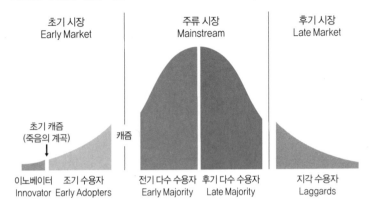

제프리 무어의 캐즘 이론

초기 시장
Early Market

주류 시장
Mainstream

후기 시장
Late Market

초기 캐즘
(죽음의 계곡)

캐즘

이노베이터
Innovator

조기 수용자
Early Adopters

전기 다수 수용자
Early Majority

후기 다수 수용자
Late Majority

지각 수용자
Laggards

사실 캐즘을 겪지 않고 상대적으로 짧은 시간 내에 대중화에 성공한 제품과 서비스도 있다. 스마트폰(아이폰), 무선 이어폰(에어팟), OTT 서비스(넷플릭스) 등이 대표적이다. 사람들이 아는 것보다 기술적으로 훨씬 앞서 있던 제품도 있고, 단기간에 대중화에 성공했다고 보기 어려운 서비스도 있지만, 이들이 캐즘을 겪었다고 생각하는 사람은 없다. 인지하기 어려울 정도로 빠르게 우리 일상에 스며든 것이다.

캐즘에 대한 또 다른 흥미로운 사실은, 대중화에 실패한 신제품이나 신기술에는 캐즘이라는 단어가 붙지 않는다는 점이다. 초기에 엄청난 반향을 일으켰지만, 여전히 대중화에 도달하지 못한 메타버스, VR 등이 그러하다. 메타버스 캐즘, VR 캐즘이란 단어를 들어본 적이 있는가? 있다면, 전기차 캐즘 이후 유사한 사례로 잠시 언급된 정도일 것이다.

그렇다면 왜 전기차의 수요 둔화에 대해서만 캐즘이라는 단어를 붙일까? 그 이유는 전기차 시장의 놀라운 성장 속도와 전기차가 자동차 산업 전반에 미친 파급력에 있다.

우선 전기차 시장의 성장세는 이례적인 수준이다. 전기차는 본격적인 전기차 모델이 나오기 시작한 2020년부터 전 세계 판매량이 급증해 2017~2023년까지의 전기차 연평균성장률(CAGR)은 무려 45.9%에 달한다. 집 다음으로 고가의 제품군에서, 동급의 내연기관 대비 비싼 차량 가격과 충전 이슈까지 있는 데도 이러한 성장세는 분명 놀라운 일이다.

글로벌 전기차(BEV+PHEV) 판매 트렌드　　　　　**(단위: 천)**

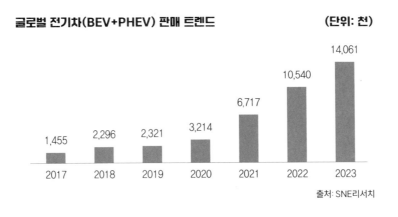

출처: SNE리서치

그리고 전기차가 자동차 산업 전반에 불러온 변화는 기존 자동차 산업의 질서와 모빌리티 생태계의 패러다임을 변화시키기에 충분했다. 앞서 언급했듯이 배터리 사업, 충전 사업 및 충전 인프라 구축, 전기차 전용 용품 사업과 같은 신사업들이 대규모로 나타났고, 자동차 제조사들은 전동화 전략과 투자 계획을 발표함으로써 전기차 시장에 대응하기 시작한 것이다. 대기업을 포함한 여러 기업이 전기차 관련 영역으로 사업을 확대하고 공격적인 투자까지 단행함은 물론이다.

사람들은 당연히 전기차 시장이 지속해서 성장하고, 예상보다 빨리 전기차 시대가 도래할 거라고 믿었다. 이런 상황에서 전기차 시장의 수요 둔화와 기업들의 실적 부진은 더 크게 부각될 수밖에 없었고, 전기차 캐즘이라는 단어가 통용되기 시작했다.

그런데 정말로 전기차 캐즘을 심각한 문제로 받아들여야 할까? 전기차 캐즘의 원인으로 정부의 전기차 보조금 축소, 내연기관 차량 대비 여전히 높은 가격, 충전 인프라 부족 등이 거론되는데, 사실 하나하나 보면 문제라기보다 전기차 시대로 가는 과정에서 발생하는 자연스러운 현상이라 할 수 있다.

예를 들어, 전기차의 높은 가격은 자동차 제조사와 구매자 모두에게 해당하는 이슈이다. 정부가 보조금을 지원하지 않는다면 당연히 사람들은 높은 가격의 전기차를 구매하지 않을 것이고, 자동차 제조사들은 판매가 저조하니 개발과 생산에 소극적일 것이다. 실제로 전기차 시장이 급성장하면서 일부 국가들이 전기차 보조금을 축소했는데, 결과적으로 전기차 수요가 둔화하면서 전기차 캐즘의 원인이 되었다. 그러나 장기적인 관점으로 본다면 정부의 전기차 관련 보조금은 초기 전기차 시장 형성을 위한 필수적인 수단일 뿐, 전기차 비중이 30~40%만 넘어도 지금과 같은 수준으로 지급하는 건 불가능해진다. 결국 전기차 관련 보조금은 모두 없어질 것이다.

물론, 전기차 시장의 성장과 안정화를 위해 각국의 정부가 바로 전기차 보조금을 없애는 건 아니다. 그러므로 자동차 제조사와 배터리 제조사는 정부의 전기차 보조금이 유지되는 동안, 원가 절감을 위해 지속적으로 노력하여 차량 가격을 낮춰야만 한다. 이 점에 대해서는 양사가 지금도 노력하는 부분이며, 실제로 전기차 배터리 가격은 전기차 시장 초기와 비교해 지속해서 낮아지고 있다. 2024년 10월 골드만삭스가 발표한 〈전기차 배터리 가격 전망〉 보고서에 따르면, 2022년 kWh당 153달러였던 배터리 팩 가격은 2023년 149달러로 떨어졌으며, 오는 2026년에는 80달러 수준으로 떨어질 것으로 예측되어 전 세계적으로 전기차 배터리 팩의 평균 가격이 지속해서 하강 곡선을 그리고 있음을 알 수 있다.

전기차 배터리 가격이 낮아지는 이유는 크게 '배터리 제조사의 기술 혁신'과 '배터리 원자재 가격의 하락'에 있다.

현재 전 세계 배터리 제조사 간의 경쟁은 더욱 치열해지고 있다. 원가 절감, 품질 향상, 신기술 개발 등 제품 경쟁이 심화되면서 자연스럽게 기술력은 높아지고 원가는 하락하는 현상이 벌어진 것이다. 그리고 배터리 원자재 가격 면에서는 배터리 생산 단가의 60%를 차지하는 리튬(Lithium)과 코발트(cobalt) 가격이 지속해서 하락하고 있고, 특히 중국에서 생산되는 코발트는 최저 수준의 가격대를 형성하고 있다. 원자재 가격이 또 다른 변동성을 만들 수는 있으나, 향후 배터리 가격은 지속해서 감소할 것은 분명하다.

전기차 캐즘의 원인으로 '충전 인프라 문제'도 짚고 넘어가야 한다. 사실 전기차 고객 관점에서 충전 인프라가 부족하다고 생각하는 것은 당연하다. 애초에 비교 대상이 주유소이기 때문이다. 주유소 대비 전기차 충전소가 부족하면, 충전 인프라에 관한 인식도 부정적이기 마련이다.

그렇다면 전기차 충전 인프라의 확대 시점은 언제여야 할까? 전기차 고객들의 충전 이슈를 해소할 수 있도록 빠른 인프라 구축이 필요한 걸까? 관점에 따라 다르겠지만, 충전 인프라를 구축하는 사업자 입장으로는 당연히 전기차 비중이 높아진 후에 충전 인프라를 구축하는 것이 정답이다. 전기차 운행 대수가 적은 때에 충전 인프라를 구축하면 사업성이 극히 낮아지고 결국 충전 사업이 쇠퇴하는 결과를 낳을 수도 있다. 지금처럼 전기차 시장의 성장 속도에 맞춰 점진적으로 충전 인프라를 구축하는 것이 가장 옳은 판단이다.

즉, 현시점에서 전기차 수요 둔화 현상이 나타나는 것은 자연스러운 일이다. 오히려 과거와 같은 전기차의 성장세가 나타나지 않는 것에 대해 "전기차의 위기다, 전기차 캐즘이다"라고 하는 건 시장에 대한 이해도가 부족한 것으로 볼 수 있다. 전기차 시장이 한 단계 도약하기 위해서는 신차 출시, 가격 인하, 차량 품질 향상, 충전 인프라 확대 등 중장기적으로 달성할 수 있는 사항들이 수반되어야 한다.

결론적으로 전기차 캐즘은 본격적인 전기차 시대로 가기 위해 겪어야 할 사업적인 과도기이다. 전기차 캐즘을 겪는 동안, 자동차 제조사와 배터리 제조사는 원가 절감과 품질 개선을 통해 전기차의 상품 경쟁력을 높일 것이며, 전기차 충전 및 전기차 용품 관련 사업자들은 새로운 성장 동력을 얻기 위한 준비를 해나갈 것이다.

전기차 캐즘의 원인을 분석하며 누가 잘했고 누가 잘못했는지를 따지는 것은 의미가 없다. 중요한 것은 현재가 아닌 미래다. 전기차 시장이 어떻게 변화할지를 분석하면서 그에 맞는 전략과 대응책을 준비하는 것이 지금 해야 할 일이다.

본격적인 전기차 시대는
언제쯤 올 것인가?

전기차 캐즘은 곧 끝날 것이다. 적어도 3년 이내에 전기차 수요는 회복되고 다시 성장의 길로 들어설 것이다. 그러나 폭발적으로 성장하는 일도 없을 것이다. 강력한 정부 정책이 발효되어 자동차 제조사들이 내연기관 차량 개발과 생산을 중단하고 전기차만 생산하게 된다면 가능하겠지만, 현실적으로 불가능하다. 즉, 전기차 수요는 꾸준히 증가하고, 점차 자동차 시장에서의 점유율을 높여갈 것이다. 그리고 이 시점부터가 본격적인 전기차 시대로 가기 위한 준비 단계라 할 수 있다. 점진적으로 전기차 비중이 높아지면서 자연스럽게 내연기관 차량에서 전기차로 자동차 산업이 전환되고, 전기차 중심의 모빌리티 생태계가 구축되는 것이다.

전기차에 대해 부정적인 견해를 가진 사람들은 전기차의 높은 가격, 부족한 충전 인프라와 느린 충전 속도, 차량 품질 안정성 등을 한계로 지적하며 전기차 시대로의 전환은 불가능하다고 말한다. 아예 틀린 말은 아니다. 이런 이슈들이 해결되지 않는 한 전기차 시대는 절대 올 수 없다. 그러나 자동차 제조사, 배터리 제조사, 충전 사업자 그리고 정부까지 나서서 원가 절감과 충전 인프라 확대를 위해 노력하고 있다. 모두 전기차 시대를 준비하기 위함이다.

또한, 차량 품질 관점에서도 신차를 출시한 초기에는 예상치 못한 다양한 문제가 나타날 수밖에 없다. 생명에 직결되는 문제나 대형 사고로 이어질 수 있는 화재 등은 반드시 조기에 개선되어야 하지만, 전기차는 내연기관 차량과 비교해 아직 그 역사가 짧다. 전기차의 품질은 전기차 시장이 성장함에 따라 지속적인 품질 데이터 분석과 개선을 통해 지금보다 훨씬 높은 수준으로 안정화될 것이다.

전기차 시대가 올 수밖에 없는 이유 중 하나는 단순히 내연기관 차량보다 뛰어나서가 아니라, 전기차가 자동차 산업을 넘어 친환경적 관점에서 의미가 있기 때문이다.

내연기관 차량이 배출하는 유해물질인 일산화탄소(CO), 탄화수소(HC), 질소 산화물, 미세먼지(PM)는 대기오염의 주원인이고, 배출 가스는 2012년 국제암연구소에서 1급 발암물질로 지정되었으며 그중 이산화탄소는 지구온난화의 주요 원인으로 꼽힌다. 그러나 전기차는 유해물질과 가스를 배출하지 않고, 내연기관 차량보다 이산화탄소 배출량이 적다. 친환경 관점에서 내연기관 차량보다 월등하다고 볼 수 있다.

물론, 생애주기평가인 LCA(Life Cycle Assessment) 관점에서 보면 전기차도 완벽한 탄소중립은 아니다. 주원료인 전기를 화력 발전이나 원자력 발전에 기대고 있고, 전기차 배터리의 핵심 원료인 니켈(nickel), 망간(Mangan) 등의 채굴과 가공 과정에서 이산화탄소가 배출되기 때문이다.

그러나 내연기관 차량보다 탄소와 온실가스를 적게 배출하는 전기차는 환경 보호를 위한 최선의 대안이다. 특히, 2015년 채택된 파리협정 이후 121개 국가가 '2050 탄소중립 목표 기후동맹'에 가입해 '넷 제로(Net-Zero, 대기 중 온실가스 농도 증가를 막기 위해 인간 활동에 의한 배출량을 감소시키고, 흡수량을 증대하여 순 배출량 0이 되는 것)'를 실천하기 위해 노력하는 실정이다. 이러한 전 세계적 추세에 내연기관 차량이 전기차로 대체되어 감은 거스를 수 없는 현상이다.

유럽의 탄소배출 규제 정책과 같은 각 국가에서 시행하고 있는 환경 보호를 위한 규제 정책 기준에 맞추기 위해서도, 자동차 제조사는 내연기관 차량을 줄이고 전기차 비중을 높여야 한다. 2023년 유럽연합(EU)은 2035년부터 내연기관 신차 판매를 금지하는 법안에 최종 합의했다. 본 규정에 따르면 2030~2034년 유럽에서 판매되는 신차는 이산화탄소 배출량을 2021년 대비 승용차는 55%, 승합차는 50%를 감축해야 한다. 2035년부터는 신규 승용차와 승합차의 이산화탄소 배출이 아예 금지되는데, 이는 내연기관 차량 판매가 불가하다는 의미로 볼 수 있다.

미국 캘리포니아주 역시 2035년부터 내연기관 신차 판매를 금지하는 행정명령을 발효했고, 미국 환경보호청(EPA)이 본 금지 규정을 승인할 것으로 예측된다. 2024년, 도널드 트럼프 대통령의 정권 인수팀이 인플레이션 감축법(IRA)에 따른 전기차 보조금 폐지를 추진했을 때도, 캘리포니아주 주지사 개빈 뉴섬은 연방 차원의 전기차 세액 공제가 없어지더라도 주 정부 차원에서 전기차 구매 비용 중 일부를 돌려주는 방식으로 그 공백을 메우겠다고 밝히기도 했다. 물론 국가별 정부 정책과 규제는 상황에 따라 달라질 수 있다. 그럼에도 전기차로 가는 큰 그림은 결코 변하지 않을 것이다.

자동차 제조사들 역시 전동화로의 방향을 고수할 것이다. 정부 정책과 시장 환경의 변화에 따라 전동화 전략과 시점을 어느 정도 수정할 수는 있지만, 내연기관 차량으로 선회하는 일은 절대 하지 않을 것이다. 자동차 제조사들은 이미 전동화 전략에 기반하여 조직, 인력, 인프라를 재편하고 있고, 배터리 연구시설과 생산공장을 구축하는 등 전기차와 배터리 분야에 대규모 투자를 단행한 상태다. 지금 전동화에 소극적인 업체는 향후 전기차 시대에서 살아남기 어려울 것임을 자동차 제조사 역시 잘 알고 있다. 그렇기에 자동차 제조사는 전동화라는 큰 방향은 수정하지 않고, 시장 변화에 탄력적으로 대응하는 전략을 택할 것이다.

미국 노스캐롤라이나에 건설 중인 토요타 배터리 공장

출처: Toyota newsroom

그렇다면 본격적인 전기차 시대는 언제쯤 오게 될 것인가? 그것은 자동차 제조사의 전동화 시점에 달렸다. 자동차 제조사들은 전기차 관련 정부 정책과 시장의 변화에 주목하며 전동화 시점을 설정할 것이고, 그 시점에 따라 본격적인 전기차 도래 시기가 결정될 것이다.

우선 주요 글로벌 자동차 제조사의 전기차 전략을 살펴보면, 폭스바겐그룹은 2030년까지 전기차 비중을 50% 확대한다고 발표했고, BMW는 2030년까지 전기차 판매량의 50% 이상을 순수전기차 (BEV, Battery Electric Vehicle)로 판매할 것으로, 메르세데스 벤츠는 2030년까지 전 차종을 순수전기차로 전환할 것으로 발표했다. 현대자동차그룹은 2040년까지 미국, 중국, 유럽연합 등 주요 국가에 전기차만 판매하기로 했다.

그러나 최근 전기차 캐즘으로 인해 전기차 전환 시점이 조정되고, 하이브리드 자동차(HEV, Hybrid Electric Vehicle)와 플러그인 하이브리드 자동차(PHEV, Plug-in Hybrid Electric Vehicle)의 생산 확대, 주행거리 연장형 자동차(EREV, Extended Range Electric Vehicle, 배터리, 엔진, 모터를 갖춘 자동차로 하이브리드 자동차보다 전기차에 가깝지만, 내연기관 차량의 장점을 보유한 차량) 개발 등으로 전략을 수정하고 있다. 그리고 이러한 전동화 전략은 향후 전기차 시장 변화에 따라 다시 한번 수정될 것이며, 그중 플러그인 하이브리드 자동차와 주행거리 연장형 자동차는 전기차 캐즘을 돌파하기 위한 단기적 대응책이 될 확률이 높다.

다시 한번 얘기하지만, 결국 전기차 시대는 온다. 그 누구도 정확한 시점을 예측할 수는 없지만, 2030년 이후부터는 전기차 비중이 급격히 높아지고, 모빌리티 생태계 역시 전기차 중심으로 전환될 것이다. 그리고 글로벌 자동차 제조사들은 전기차 풀 라인업을 갖추고, 전기차 투자에 소극적이었던 자동차 제조사들은 경쟁에서 뒤처지게 되면서 자동차 시장은 재편될 것이다. 전기차 충전 인프라는 지금의 주유소와 유사한 형태로 구축되고, 자동차 정비, 용품, 모빌리티 서비스 등 다양한 영역들이 전기차 중심으로 전환될 것이다. 2035~2040년 사이에는 정말 완벽한 의미의 전기차 시대를 볼 수 있을 것으로 생각한다.

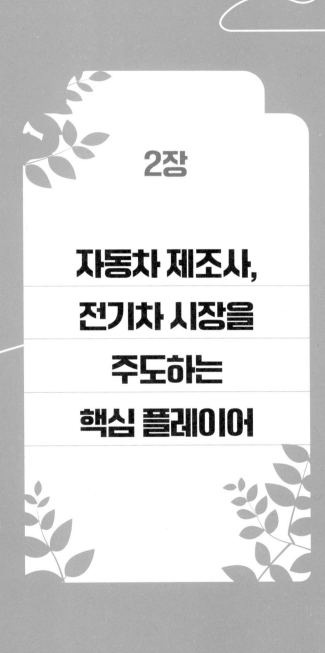

2장

자동차 제조사, 전기차 시장을 주도하는 핵심 플레이어

자동차 산업에서 모빌리티 산업까지, 그 중심에 있는 자동차 제조사

　자동차 산업이 탄생한 이후부터 지금까지 가장 최전선에서 자동차 산업을 주도한 주인공은 바로 '자동차 제조사'이다. 글로벌 빅테크 기업들의 자동차 산업 진출 발표, 모빌리티 서비스 기업의 탄생, 전기차를 기반으로 한 신생 기업의 성장 등 그간 자동차 시장의 판도를 흔드는 수많은 이슈가 있었지만, 그 중심에는 언제나 굳건하게 자동차 산업을 지탱한 자동차 제조사가 있었다. 심지어 모빌리티 산업으로 변혁하는 과정에도 자동차 제조사의 영향력은 변치 않았다.

　2014년, 애플은 1,000명이 넘는 자동차 전문가와 엔지니어를 고용해 자율주행 기능을 탑재한 전기차를 개발하는 '프로젝트 타이탄(Project Titan)'을 시작했다. 아이폰을 내놓으면서 세상을 혁신적으로 바꾼 애플이 전기차를 개발한다는 소식에 많은 사람이 자동차 제조사의 위기를 거론하며 열광했다. 애플이 자동차 시스템, 즉 차량 소프트웨어를 만들고, 자동차 제조사는 차체만 만들어 조립하는 회사로 전락할 수 있다는 말들이었다. 실제로 2021년, 애플이 국내 자동차 제조사인 기아에 4조 원을 투자한다는 기사가 나왔을 때, 기아에서 애플카가 생산된다는 루머와 함께 기아 주식이 급상승하기도 했다.

애플카의 결말은 무엇인가? 2024년 애플은 공식적으로 프로젝트 타이탄 중단을 선언했다. 자율주행 차량용 소프트웨어와 알고리즘 개발의 실패, 차량 디자인과 성능 구현 문제 등의 이유로 10년간의 장기 프로젝트가 한순간에 사라진 것이다. 이에 전문가들은 애플이 애플카가 아닌, 인공지능 분야에 더 역량을 집중했더라면 지금보다 나은 경쟁력을 갖출 수 있을 것으로 분석하기도 했다.

프로젝트 타이탄 개발 계획과 중단

출처: Apple Hub

2010년 중반, 자동차 산업에서 가장 뜨거운 키워드는 '모빌리티 서비스'였다. 미국의 우버와 리프트, 동남아시아의 그랩, 한국의 카카오모빌리티와 쏘카 등 모빌리티 서비스 업체들이 등장하며 차량 공유 서비스인 카헤일링(Car Hailing, 사용자의 목적지까지 이동 가능한 차량과 운전자를 매칭해 주는 서비스)과 카셰어링(Car Sharing) 서비스가 대중화에 성공했다. 이러한 모빌리티 서비스 플랫폼의 등장과 성공을 기존 자동차 산업의 판도를 흔드는 커다란 변화로 여겼으며, 전문가들은 자동차 소유에서 자동차 공유로의 전환을 선도하는 새로운 패러다임이 될 것으로 예측했다.

실제로 2019년 상장한 우버는 당시 미국 3대 자동차 회사인 GM, 포드, 피아트 크라이슬러의 시가총액을 합한 것보다 많은 약 1,200억 달러의 기업 가치를 지닌 것으로 평가받았다. 2024년 10월 기준 우버의 시가총액은 약 1,600억 달러로, 여전히 GM, 포드의 시가총액을 합한 것보다 훨씬 높은 수준이다. 우버는 기존에 없던 혁신적인 모빌리티 서비스를 탄생시키고, 전 세계적으로 큰 반향을 불러일으킨 주인공이 되었다.

그러나 재무적인 관점에서 보면, 창업 이후 장기간 영업 손실이 발생했고, 2023년이 되어서야 창사 이래 처음으로 연간 이익을 내는 데 성공했다. 그렇다면 테슬라와 토요타를 제외한 그 어떤 자동차 제조사보다 높은 시가총액을 보유하고 있는 우버의 2023년 영업이익은 얼마일까? 약 11억 달러, 한화로 약 1조 4,000억 원 정도이다. 그러면 우버의 시가총액보다 훨씬 낮은 현대자동차의 2023년 영업이익은 얼마일까? 약 15조 1,000억 원이다. 우버 영업이익의 14배 수준이다. 물론 우버의 실적은 2024년에도 지속해서 개선되고 있으며, 매출, 순이익 모두 증가 추세다. 지속 가능한 성장을 위해 전기차 전환, 자율주행 파트너십 등 다양한 전략을 추진하고 있기도 하다.

그러나 우버 외 다른 모빌리티 서비스 플랫폼 업체들의 경우에는 아직도 완전한 흑자 전환을 이루지 못했으며, 여전히 실적 개선을 위해 노력하고 있는 처지다.

그렇다면 현재 자동차 산업을 실제로 주도하고 있는 것은 누구일까? 전기차 시대를 연 테슬라? 모빌리티 서비스 플랫폼 업체? 아니면 글로벌 빅테크 기업? 우버와 테슬라가 놀랍도록 빠른 혁신과 성장을 이룬 건 맞지만, 아직은 자동차 제조사가 자동차 산업을 주도하고 있다고 보는 것이 옳다.

전통적인 자동차 제조사가 우버와 테슬라만큼의 혁신과 성장을 만들어 내는 건 굉장히 어려운 일이지만, 자동차 제조사들 또한 미래 모빌리티 영역으로의 사업 확장을 위해 다양한 전환을 시도하고 있다. 자동차 제조사가 보유한 핵심 역량을 바탕으로 전동화, 커넥티드, 자율주행 등 끊임없는 기술 개발과 실행력을 바탕으로 모빌리티 산업의 혁신을 주도하고 있다.

예를 들어, 국내 대표 자동차 제조사인 현대자동차그룹은 2022년 자율주행 소프트웨어와 모빌리티 플랫폼을 개발하는 스타트업인 포티투닷을 인수하여 자율주행, SDV 개발에 박차를 가하고 있다. 그리고 기아자동차는 2021년, 사명을 기아로 변경하면서 미래 모빌리티 솔루션 기업으로의 도약을 발표하고, 중장기 전략 '플랜 S'를 통해 3대 핵심 사업인 PBV(Purpose-Built Vehicle, 목적 기반 모빌리티), EV, 모빌리티 사업 확대를 위한 실행계획을 수립했다. 글로벌 자동차 제조사인 토요타, 폭스바겐그룹 등도 사업 전반에 걸친 변혁을 통해 모빌리티 기업으로 나아가고 있다.

즉, 모빌리티 산업의 주도권을 누가 가지고 있는가에 대한 답은 명확하다. 바로 자동차 제조사다. 자동차 산업에서 모빌리티 산업에 이르기까지 자동차 제조사들은 전동화 추진, 자율주행 기술 선도, 자동차 소프트웨어 개발 및 디지털화 등 수많은 부문에서 모빌리티 솔루션 혁신을 주도하고 있다.

애플과 같은 글로벌 IT 기업들의 자동차 개발 발표(그리고 실패), 모빌리티 서비스 플랫폼의 등장, 전기차 스타트업 부상 등 자동차 산업에는 늘 변혁을 주도할 만한 사건이 있었다. 또 기존에 없던 새로운 기술과 서비스가 등장하면서 모빌리티 산업에 새로운 변화가 나타나기도 했다. 테슬라가 그 누구도 만들지 못했던 고성능 전기차를 선보였을 때, 우버가 만든 차량 공유 서비스가 전 세계로 확대됐을 때, 시장이나 전문가들은 자동차 산업이 새롭게 재편될 것이라 예견했다.

하지만 자동차 제조사들은 각자가 보유한 역량을 바탕으로 천천히, 그리고 견고하게 미래 시장 변화에 전략적으로 대응했고, 모빌리티 산업에서의 주도권을 더욱 공고히 다졌다. 자동차 제조사가 보유한 기술, 자본, 인프라는 그 어떤 기업도 단기간에 만들 수 없다. 자동차 산업에서 오랜 시간 쌓아온 업력을 바탕으로 이룩한, 자동차 제조사들만 보유한 핵심 역량이다.

전기차 시대의 패권,
누가 가져갈 것인가?

　　지금의 전기차 시장을 만든 주인공이 테슬라임을 부인하는 사람은 없을 것이다. 자동차 제조사들이 실험적으로 전기차를 만들었다면, 테슬라는 사람들이 사고 싶을 정도로 멋지고 고성능인 전기차를 만들었다. 그리고 '모델 3'를 출시하며 본격적인 테슬라 중심의 전기차 왕국을 만들었다.

　　테슬라의 영향력은 컸다. 사람들은 테슬라에 매료되었고, 테슬라의 성공을 의심하던 자동차 제조사들은 빠르게 성능과 디자인이 개선된 전기차를 생산하며 경쟁력을 갖추기 시작했다. 2024년 상반기 기준, 전 세계에 등록된 전기차 대수는 약 715.9만 대다. 이 책이 출간될 시점에는 등록 대수 1,500만 대가 넘는 전기차 시대가 올 것이다.

　　글로벌 전기차 시장점유율을 보면, 거대한 내수 시장을 보유한 중국업체들의 성장세가 가파르지만, 중국을 제외하면 여전히 테슬라가 높은 점유율을 차지하고 있다. 그리고 폭스바겐그룹, 스텔란티스, 현대자동차그룹, BMW, 메르세데스 벤츠까지 다양한 자동차 제조사가 전기차 시장에서 존재감을 드러내고 있다. 2024년 전기차 캐즘 상황을 고려하더라도 이 정도의 성장세는 놀라운 수준이라 할 수 있겠다.

글로벌 전기차(BEV+PHEV) 인도량 　　　　　　　　　　단위 : 천

순위	그룹명	2023 상반기	2024 상반기	성장률	2023 점유율	2024 점유율
1	BYD	1,214	1,507	24.1%	20.5%	21.0%
2	Tesla	889	831	−6.6%	15.0%	11.6%
3	Geely	347	546	57.2%	5.9%	7.6%
4	Volkswagen	415	448	8.0%	7.0%	6.3%
5	SAIC	335	417	24.7%	5.7%	5.8%
6	Changan	175	273	55.5%	3.0%	3.8%
7	Stellantis	287	272	−5.4%	4.8%	3.8%
8	Hyundai&Kia	271	266	−1.8%	4.6%	3.7%
9	BMW	232	246	6.1%	3.9%	3.4%
10	Mercedes-Benz	194	200	3.1%	3.3%	2.8%
	기타	1,565	2,153	37.6%	26.4%	30.1%
	합계	5,925	7,159	20.8%	100.0%	100.0%

출처: SNE리서치

　　그러나 지금처럼 전기차 시장이 성장할 수 있던 데는 테슬라나

전통적인 자동차 제조사뿐 아니라, 다양한 플레이어들의 노력이 있었다. 특히 정부는 주도적으로 전기차 보조금 정책을 펼침으로써 전기차 구매율을 빠르게 끌어올렸고, 배터리 제조사들은 아낌없는 투자와 기술력 증진으로 긴 주행거리와 높은 안정성을 갖춘 배터리를 만들었다. 그리고 충전 사업체는 그 누구보다 적극적으로 전기차 충전소를 구축해 초기 인프라 조성에 일조했다. 자동차 제조사 혼자 힘으로는 전기차 생태계 구축이 불가능하다는 뜻이다.

물론 전기차 시장의 패권을 논하자면, 자동차 제조사가 승자다. 이 책에서 다루는 사업 영역인 '전기차 배터리, 충전, 정비, 타이어, 폐배터리' 분야에 참여해 영향력을 행사할 뿐 아니라 전기차 생태계의 A부터 Z까지 그 기준점을 만들어 주도하고 있기 때문이다.

구체적으로 자동차 제조사는 전기차 배터리 사업 분야에서 기존 파워트레인 기반 사업 체계를 전동화 기반 사업 체계로 전환하여 조직 역량을 강화하고, 배터리 제조사들과의 협업과 견제를 통해 전기차 사업 영역에서의 영향력을 공고히 하고 있다. 그리고 충전 사업 분야에서는 다양한 충전 서비스를 개발하여 테슬라의 전용 급속 충전소인 슈퍼차저(Tesla Supercharger)와 같은 자체 충전 솔루션과 인프라를 구축하고 있다. 기존 충전 사업자들보다 뛰어난 자본력과 기술력을 바탕으로 전기차 충전 생태계를 선도하는 것이다.

자동차 정비 분야에서는 어떤가? 자동차 제조사들은 전기차 정비 기술력 향상을 위해 자체적으로 교육 시스템을 만들어 정비사를 육성하고, 전기차 정비 거점을 확대해 미래를 준비하고 있다. 결국, 전기차로 인해 위기를 맞이할 소규모 정비업체들과 달리 자동차 제조사는 직영 거점을 통해 정비 시장에서의 장악력을 높여갈 것이다.

전기차 타이어 분야 역시 마찬가지다. 전기차 타이어 시장은 전기차의 비중이 높아짐에 따라 급성장할 분야로, 전통적으로 타이어를 만들어오던 타이어 제조사가 전기차 타이어를 개발하고 자동차 제조사의 협력을 통해 성능을 높이는 방식으로 성장하고 있다. 또한, 전기차 타이어 공급에는 자동차 제조사의 협력이 필수이므로 타이어 제조사는 자동차 제조사의 니즈에 부합하는 타이어를 개발하여 우호적인 관계를 구축하기 위해 노력 중이다. 즉, 전기차 타이어 사업에서도 자동차 제조사의 영향력이 막강하다고 볼 수 있다.

모빌리티 서비스 플랫폼 업체도 전기차 전환에 따른 서비스 최적화와 전기차 기반의 새로운 서비스를 개발하기 위해 노력하고 있다. 하지만 결국 자본과 인프라를 갖춘 자동차 제조사의 플랫폼과 기술력을 따르게 될 것이다.

그러나 절대 자동차 제조사가 자체적으로 모든 걸 해결할 수는 없다. 오히려 모든 시장을 장악하려 할수록 본격적인 전기차 시대는 유예될 것이다.

진정한 의미의 전기차 시대는 사람들에게 지금보다 더 나은 모빌리티 경험을 제공하는 것이다. 이는 전기차 생산, 배터리 제조, 충전 인프라 조성, 정비 체계 구축, 전기차 전용 용품 개발 등 다양한 사업 부문 간의 협업을 통해 만들 수 있는 것이다. 기존 자동차 산업과 달리 전기차 시대에는 새로운 사업 기회들이 나타날 것이며, 이는 자동차 제조사의 전유물이 아닌 다른 사업체들의 고유 영역이 될 수 있다. 그리고 이들 역시 전기차 시대를 만들어 가는 핵심 플레이어가 될 것이다.

전기차 시대를 만들어 가는
핵심 플레이어는 누구인가?

    앞서 본격적인 전기차 시대가 도래하면 다양한 사업 영역에서 변화가 일어나고, 그 중심에는 자동차 제조사가 있을 것으로 이야기했다. 그러나 다른 플레이어들에게 기회가 없는 건 아니다. 전기차 관련 새로운 사업 영역들은 자동차 제조사의 위치를 흔드는 히든 플레이어가 될 수 있다.

    예를 들어, 자동차의 심장이라 할 수 있는 파워트레인 관련 영역은 이미 전기차 배터리 개발과 생산이라는 새로운 사업으로 대체되고 있다. 이 전기차 배터리 사업은 엄청난 신사업으로 부상했고, 배터리 제조사의 사업 영역이 되었다. 자동차의 핵심 기술을 자동차 제조사가 아닌, 부품업체 즉 배터리 제조사가 보유하고 있다는 건 자동차 산업에 있어 크나큰 전환점이라 할 수 있다. 자동차 제조사에게는 위기이지만, 배터리 제조사에게는 엄청난 기회라 할 수 있다. 자동차의 핵심 기술을 보유한 업체는 자동차 산업에 큰 영향력을 행사할 수 있다.

전기차 충전 역시 기존에 없던 새로운 사업 영역이다. 이는 자동차 제조사뿐만 아니라 전기차 충전 업체와 에너지 업체에도 새로운 기회가 된다. 향후 본격적인 전기차 시대가 도래하면 지금과는 비교할 수 없는 규모의 충전 인프라가 필요할 것이다. 그러나 이런 대규모의 충전 인프라를 자동차 제조사 단독으로는 구축할 수 없다. 완벽한 충전 환경을 조성하기 위해서는 자동차 제조사, 충전 업체, 에너지 업체들이 협력해야 할 것이다.

전기차 시대의 플레이어로 거듭나기 위해 자동차 제조사와의 긴밀한 협업을 통해야 하는 사업 분야도 존재한다. 자동차 산업의 핵심 축이었던 정비 사업은 전기차 시대로 인해 위기를 맞이하게 될 것이다. 내연기관 차량 대비 정비 수요가 감소하는 전기차의 비중이 높아질수록 정비 사업의 수익성은 저하되고, 소규모 영세 업체들은 사업을 지속하기 어려울 것이다. 자동차 제조사는 이에 대비하여 전기차 중심의 정비 및 서비스 체계를 준비하고 있으며, 이에 기존 정비업체들은 자동차 제조사와 협업하여 새로운 길을 모색해야 한다. 경쟁력이 없는 정비 거점들은 사라지게 되겠지만, 전기차 시대에 맞는 정비 모델을 구현한 업체들은 오히려 지금보다 더 크게 성장할 수 있을 것이다.

전기차 타이어와 윤활유 분야도 마찬가지다. 전기차 규모가 커질수록 동반 성장하는 에프터마켓 시장은 타이어 제조사와 에너지 업체에 새로운 성장 동력이 될 것이다. 자동차 산업의 패러다임을 읽고, 신제품을 개발하고, 시장성을 인정받는 업체들은 전기차 시대의 수혜자가 될 수 있다. 물론 자동차 제조사와의 협업을 통해 기술력과 품질을 개선하고 증명해야 하며, 이를 통해 사업 규모를 확대할 수 있을 것이다.

모빌리티 서비스 분야는 어떠할까? 기존 내연기관 차량이 아닌 전기차 중심의 모빌리티 서비스 운영은 분명 기존과 다른 새로운 전략과 체계가 필요할 것이다. 전기차 기반의 새로운 모빌리티 서비스가 나타날 수도 있다. 또한, 빠르고 다양한 모빌리티 서비스를 시도할 수 있는 건 기존 플랫폼 업체들이며, 어쩌면 전기차 시대에 맞는 새로운 파괴적 혁신을 가져올 수도 있다.

미래 전기차 시대에도 자동차 제조사의 시장 지배력과 영향력은 유지될 것이다. 하지만 자동차 제조사의 자체적인 노력만으로는 이상적인 전기차 시대를 만들 수 없다. 배터리, 충전, 정비, 에프터마켓, 모빌리티 서비스까지 다양한 플레이어들의 협업이 있어야만 사람들에게 더 나은 모빌리티 경험을 선사할 수 있는 진정한 의미의 전기차 시대를 만들 수 있을 것이다. 그리고 이는 각 사업 부문별로 새로운 도약의 기회가 왔음을 의미하기도 한다.

이 책의 시작점에 자동차 제조사에 관한 내용을 작성한 것도 이러한 이유이다. 앞으로 다가올 본격적인 전기차 시대에 대응하기 위해, 각 사업 영역에서는 자동차 제조사들의 전동화 전략과 추진 과정을 세밀하게 분석하면서, 새로운 사업 기회가 무엇이고 무엇을 해야 할지 준비해야 한다. 당연한 말이지만 장밋빛 전망만 있는 것은 아니다. 새로운 기회는 위기를 동반하기에 냉정하게 상황을 분석하고 그에 맞는 전략을 수립하고 실행해야 한다.

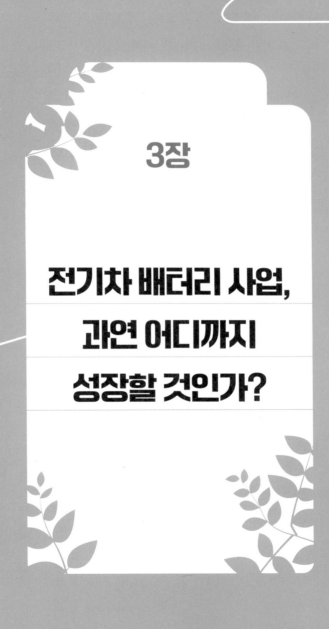

3장

전기차 배터리 사업,
과연 어디까지
성장할 것인가?

전기차 배터리 사업,
전기차 시대의 진정한 주인공

전기차 시장이 커지면서 가장 급성장한 부문은 단연 '전기차 고전압 배터리 사업'이다. 내연기관 자동차의 핵심 부품인 엔진과 변속기로 대표되는 파워트레인은 그간 자동차 제조사가 직접 개발하고 생산하는, 그들만의 전유물이었다. 특히 자동차 엔진은 자동차 제조사들이 오랜 시간 쌓아 올린 기술과 경험을 바탕으로 만들어 온 자동차 기술의 최정점이라 할 수 있었다. 그러나 엔진과 변속기가 없는 전기차의 핵심 부품은 단연 고전압 배터리이다. 그리고 이 영역은 현재 자동차 제조사가 아닌, 전기차 배터리 제조사의 사업 영역이 되었다.

사실 테슬라의 독주나 마찬가지였던 전기차 시장에서 기존 자동차 제조사들이 경쟁할 수 있게 된 것도 주요 배터리 제조사들의 기술 발전 덕분이다. 배터리 제조사의 눈부신 발전이 새로운 전기차 경쟁 판도를 만든 셈이다.

구체적으로 살펴보자. 주행거리에 있어, 2012년 출시한 테슬라의 모델 S는 1회 충전 시 약 450km를 넘어선 반면, 2016년에 출시한 현대자동차의 아이오닉 일렉트릭은 200km를 넘지 못했다. 차량의 가격 차이를 차치하더라도 전기차 구매를 고려하는 사람에게 아이오닉 일렉트릭의 주행거리는 분명 고민거리였을 것이다. 그러나 지금은 어떤가? 테슬라가 아닌 기존 자동차 제조사들이 만든 전기차도 400km를 가볍게 뛰어넘는다.

이는 전기차 배터리의 핵심 기술 중 하나인 높은 에너지 밀도(Energy Density) 달성에 의한 결과다. 배터리 제조사가 배터리 효율과 안정성을 좌우하는 음극재 기술을 개발하고 발전시킨 것이다. 즉, 전기차의 주행거리 증가, 배터리 충전 속도 향상, 품질 안정성 개선 등 주요 성과에 가장 중요한 역할을 한 곳이 배터리 제조사이고, 배터리 제조사야말로 사실상 자동차 제조사와 함께 본격적인 전기차 시대의 서막을 연 주인공이라고 할 수 있다.

모델명	이미지	출시일	주행거리
모델 S		2012년	478km
아이오닉 일렉트릭		2016년	191km
아이오닉 5		2021년	458km

이런 놀라운 성과는 곧 배터리 제조사들의 실적으로 이어졌다. 전기차 캐즘이 본격화한 2024년을 제외한 글로벌 배터리 업체들의 성장세는 놀랍다.

다음 표는 SNE리서치에서 분석한 '글로벌 전기차 배터리 제조사별 매출액과 시정점유율'이다. 몇백억 수준이 아닌 조 단위의 사업을 운영하는 기업들의 매출 증감률이 두 자릿수라는 건 엄청난 성장세라 할 수 있다.

글로벌 전기차 배터리 제조사별 매출액과 시장점유율

No.	배터리 제조사	매출액(M$)			시장점유율		
		2022년	2023년	증감률	2022년	2023년	증감
1	CATL	34,557	40,200	16.3%	27.5%	30.6%	3.1%
2	LG에너지솔루션	15,391	21,520	39.8%	12.3%	16.4%	4.1%
3	BYD	12,086	13,970	15.6%	9.6%	10.6%	1.0%
4	삼성SDI	7,478	10,290	37.6%	6.0%	7.8%	1.8%
5	SK On	5,821	9,870	69.6%	4.6%	7.5%	2.9%
6	파나소닉	4,477	4,690	4.8%	3.6%	3.6%	0.0%
7	CALB	3,115	3,130	0.5%	2.5%	2.4%	−0.1%
8	EVE	1,368	3,020	120.8%	1.1%	2.3%	1.2%
9	Guoxuan	3,549	2,330	−34.3%	2.8%	1.8%	−1.0%

출처: SNE리서치

국내 배터리 업체 중에는 LG에너지솔루션, 삼성SDI, SK On의 성장세가 두드러졌다. LG에너지솔루션은 2023년 대비 약 8.2조 원의 매출 증대를 기록했고, 삼성SDI는 3.7조 원, SK On은 5.4조 원의 매출을 기록했다. 물론 CATL, BYD 등 엄청난 규모의 내수 시장을 보유한 중국업체들도 놀라운 성장률과 압도적인 시장점유율을 보여줬다.

전기차 시장에서 배터리 제조사의 영향력은 앞으로도 지속될 것이다. 우선, 전기차 배터리는 전기차 가격의 약 40%를 차지하는 고가의 부품이다. 게다가 전기차 배터리는 탑재되는 배터리 외에 수리용 배터리가 필요하기에, 전기차 판매 대수보다 배터리 공급 물량이 더 큰 구조다. 즉, 전기차 배터리 제조업은 전기차 가격의 40%가량을 차지하는 고가의 배터리를 전기차 생산 대수보다 더 많이 공급하는 매출 증대의 유리한 조건을 갖춘 사업이다.

자동차 제조사 관점에서는 전기차의 핵심 부품인 고전압 배터리를 다른 업체로부터 공급받는 점이 아쉬울 것이다. 그러나 그만큼 배터리 제조사가 보유한 배터리 기술력과 전문성은 그 어떤 업체도 단기간에 확보할 수 없는 것이다.

물론 모든 배터리 제조사가 이러한 기회를 누릴 수 있는 건 아니다. 전기차 시장 트렌드가 변화하거나, 자동차 제조사의 전기차 전략이 바뀔 때마다 배터리 제조사는 새로운 도전을 맞이하게 될 것이기 때문이다. 최선의 준비를 하지 못한 업체는 시장 내에서 경쟁력을 잃기 마련이다.

실례로 2024년, 유럽 최대 배터리 생산기업인 스웨덴의 노스볼트(Northvolt)가 법원의 감독 아래 영업을 지속하면서 채무를 재조정하는 절차인 '미국 연방 파산법 제11조(Chapter 11)'를 미국 텍사스 남부지방법원에 신청했다. 노스볼트는 폭스바겐그룹, 골드만삭스 등으로부터 투자받은 총액만 150억 달러가 넘는, 향후 유럽을 대표하는 전기차 제조사로 각광받고 있었다. 이러한 기업이 2025년 1분기까지 구조조정을 해야 하는 상황을 맞이하게 된 것이다. 결국 자동차 제조사가 원하는 배터리를 만들지 못한 것이 노스볼트 추락의 원인이라 할 수 있다.

결국, 전기차 시장의 변화에 대응할 수 있는 기술력과 인프라를 확보한 배터리 제조사만이 엄청난 규모로 성장하게 될 미래 전기차 시장에서 기회를 잡을 수 있을 것이다.

전기차 배터리,
어떻게 진화하고 있는가?

전기차 배터리 사업은 전형적인 B2B(Business to Business, 기업과 기업 간 거래) 모델의 수주 업으로, 자동차 제조사가 주요 고객이다. 그렇기에 전기차 배터리의 발전 방향은 자동차 제조사의 니즈에 기반할 수밖에 없으며, 자동차 제조사의 니즈는 전기차 시장의 성숙 단계에 따라 달라질 것이다. 따라서 배터리 제조사는 자동차 제조사가 원하는 배터리를 만들어야 하고, 시장 환경의 변화로 인해 달라지는 자동차 제조사의 니즈에 대응해야 한다. 그렇지 못한 배터리 제조사는 시장에서의 경쟁 우위를 상실하고, 결국 도태하고 말 것이다.

이번 장에서는 전기차 시장 초기부터 현재까지 전기차 배터리가 어떻게 발전해 왔고, 앞으로 어떤 방향으로 나아가야 할지를 기술해 보려고 한다.

전기차 시장 초기, 자동차 제조사에게 가장 중요한 건 '주행거리'였다. 테슬라를 제외한 대다수 자동차 제조사가 만든 전기차들은 주행거리가 200km를 넘지 못했다. 이에 따라 전기차 배터리의 높은 에너지 밀도와 가벼운 무게에 대한 중요성이 커졌고, 자연스럽게 삼원계 배터리의 수요가 높아지게 되었다.

전기차 배터리에 관심이 있는 사람이라면, 전기차 배터리로 사용되는 리튬이온 배터리(Lithium-ion battery, Li-ion battery)의 종류인 삼원계 배터리와 LFP 배터리에 대해 잘 알고 있을 것이다. '삼원계 배터리'는 니켈, 코발트, 망간 등을 결합한 양극재를 사용하는 배터리이다. 니켈, 코발트, 망간을 주요 성분으로 사용하는 NCM 배터리와 니켈, 코발트, 알루미늄을 주요 성분으로 사용하는 NCA 배터리로 나뉘기도 한다.

삼원계 배터리 양극재 소재

니켈(Ni)	배터리 용량 증대	배터리의 밀도를 높여 주행거리 증대
코발트(Co)	배터리 안정성 유지	배터리 내부 화학 반응을 조절해 과열이나 폭발 방지
망간(Mn)	배터리 수명 증대 및 안정성 유지	상대적으로 저렴한 비용으로 배터리 제조 비용 감소
알루미늄(Al)	배터리 수명 증대 및 안정성 향상	배터리의 구조적 안정성 제공 및 코발트 대비 저렴한 비용

NCM 배터리와 NCA 배터리 모두 니켈 함량이 높아 에너지 밀도가 우수하고, 동일 무게 대비 더 많은 전력을 저장할 수 있어 주행거리가 긴 전기차 배터리를 만드는 데 사용된다. 또한 코발트, 망간, 알루미늄이 있어 배터리의 안정성과 수명 증대가 가능하다. 단점도 있다. 코발트가 포함되어 제조 비용이 상승하고, 에너지 밀도가 높은 만큼 안정성이 저하되는 것이다. 그러나 주행거리가 긴 전기차를 만들 수 있다는 강점으로 인해 초기에는 수요가 높았으며, 삼원계 배터리를 생산하는 국내 배터리 제조사들 역시 급격한 성장을 이룰 수 있었다.

다음 표는 2022~2023년 글로벌 배터리 제조사별 배터리 사용량(GWh)과 시장점유율이다. 중국을 제외하면, 국내 기업인 LG에너지솔루션, SK On, 삼성SDI의 글로벌 시장점유율이 50%에 육박한다.

글로벌 배터리 제조사별 배터리 사용량과 시장점유율

No.	배터리 제조사	배터리 사용량(GWh)			시장점유율		
		2022년	2023년	증감률	2022년	2023년	증감
1	LG에너지솔루션	66.7	88.6	32.9%	29.90%	27.80%	−2.10%
2	CATL	50.9	87.8	72.5%	22.80%	27.50%	4.70%
3	파나소닉	35.2	44.6	26.8%	15.80%	14.00%	−1.80%
4	SK On	29.8	34.1	14.4%	13.40%	10.70%	−2.70%
5	삼성SDI	23.6	32.4	37.2%	10.60%	10.20%	−0.40%
6	BYD	1.4	6.8	394.8%	0.60%	2.10%	1.50%
7	Farasis	2.0	5.2	163.3%	0.90%	1.60%	0.70%
8	PPES	1.8	4.7	163.8%	0.80%	1.50%	0.70%
9	AESC	4.2	3.6	−15.2%	1.90%	1.10%	−0.80%
10	PEVE	2.0	2.8	38.9%	0.90%	0.90%	0.00%
	기타	5.4	8.7	60.7%	2.40%	2.70%	0.30%
	합계	223.0	319.4	43.2%	100.0%	100.0%	0.10%

출처: SNE리서치

전기차 시장 초기에만 해도 삼원계 배터리는 전기차에 가장 최적화한 솔루션으로 여겨졌다. 중국업체가 만든 LFP 배터리와 달리 에너지 밀도가 높고, 가볍고, 안정성이 높다는 이유에서였다. 삼원계 배터리를 생산하는 국내 업체의 글로벌 경쟁력이 지속될 거라는 예측도 많았다.

하지만 전기차 시장의 새로운 전환점은 서서히 다가오고 있었다. 시장 환경이 변화하고 배터리 기술이 더욱 발전하면서 자동차 제조사의 니즈도 변화하기 시작한 것이다. 특히 전기차 캐즘과 각국 정부의 전기차 보조금 축소로 인해 전기차 성장세가 둔화하자 자동차 제조사들은 새로운 돌파구를 찾기 시작했다.

⚡ 전기차 캐즘: 비용 절감의 시대 ⚡

전기차 캐즘은 자동차 제조사의 전동화 속도 조절, 하이브리드자동차의 확대와 같은 전동화 전략 방향성의 변화도 불러왔지만, 'LFP 배터리의 수요 증대'라는 변화도 불러왔다. 긴 주행거리가 중요했던 전기차 시장 초기에는 에너지 밀도가 높은 삼원계 배터리에 대한 수요가 높았지만, 전기차 시장 상황이 악화하면서 상대적으로 가격이 저렴한 LFP 배터리에 대한 니즈가 높아진 것이다.

'LFP 배터리'는 리튬과 인산철(FePO40)을 양극재로 사용하는 배터리다. 코발트보다 저렴한 인산철을 사용해 삼원계 배터리보다 가격이 저렴할뿐더러, 과충전이나 과방전으로 인한 문제 발생 가능성이 적고, 배터리 셀이 열화되는 현상도 적어 배터리 수명이 길다는 장점이 있다. 단점은 에너지 밀도가 낮아 삼원계 배터리보다 주행거리가 짧고, 무겁고, 순간 출력이 낮다는 점이다. 이러한 문제로 LFP 배터리는 그간 중국을 제외한 글로벌 시장에서는 크게 주목받지 못한게 사실이다. 참고로 중국은 예외적으로, 자국 내 LFP 배터리 제조사인 CATL, BYD 등이 있어 삼원계 배터리보다는 LFP 배터리 채용 비중이 높다.

삼원계 배터리와 LFP 배터리의 강점

구분	삼원계	LFP
에너지 밀도	●	
주행거리	●	
순간 출력	●	
무게	●	
가격		●
안정성		●

최근에는 저가형 배터리에 대한 수요 증대(전기차 가격 경쟁력 확보)와 LFP 배터리의 기술 발전(에너지 밀도 향상)으로 자동차 제조사의 LFP 배터리 채용이 증가하는 추세다. 특히 2023년, 삼원계 배터리를 주력으로 했던 현대자동차와 기아가 CATL의 LFP 배터리를 코나 전기차와 니로, 레이 전기차에 탑재한 것과 벤츠, BMW, 스텔란티스 등 주요 자동차 제조사가 LFP 배터리를 탑재한 전기차를 출시한 것은 중국 배터리 제조사의 글로벌 경쟁력을 강화하는 계기가 되었다.

물론, 최근에는 국내 배터리 제조사들도 LFP 배터리 개발에 박차를 가하고 있다. 빠르게 중국업체를 따라잡고 차별화한 기술 개발로 승부를 볼 예정이며, 이 중 LG에너지솔루션은 유럽 대표 자동차 제조사인 르노와 대규모 LFP 배터리 공급 계약을 체결하는 성과를 거두기도 했다.

LFP 배터리 수요가 증대하는 속도는 전기차 배터리 산업 규모를 고려하면 굉장히 빠른 편이다. 2024년 4월 한국무역협회에서 발간한 〈이차전지 수출 변동 요인과 향후 전개 방향〉 보고서에 따르면, 2023년 글로벌 배터리 시장에서 LFP 배터리가 차지하는 비중은 46.4%로 집계됐는데, 이는 2021년 27.5%에 비하면 무려 18.9%나 상승한 수치이다. 이에 반해 삼원계 배터리의 비중은 2023년 53.6%로, 2021년 72.4%에 비해 18.8% 감소했다.

글로벌 전기차 배터리 양극재 소재별 비중(%) 추이

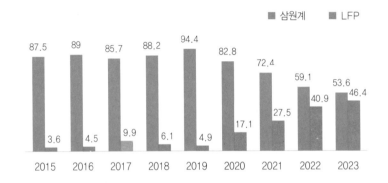

출처: 한국무역협회, 〈이차전지 수출 변동 요인과 향후 전개 방향〉 / 자료: Colin McKerracher, et al. (2023), Long-Term Electric Vehicle Outlook 2023, BloombergNEF

사실 2022년 초기에만 해도 삼원계 배터리가 전기차 배터리 시장을 지배할 거라는 데에 의문을 제기하는 사람은 거의 없었다. 높은 에너지 밀도, 고출력, 가벼운 무게 등의 강점을 보유한 삼원계 배터리야말로 전기차 배터리에 가장 적합하다고 여겨졌으며, LFP 배터리를 생산하는 중국업체들은 자국 시장에만 의존하고 있는 우물 안 개구

리로 치부되었다.

그러나 전기차 캐즘이 시작되면서 모든 예측이 빗나갔다. 그리고 LFP 배터리의 강점과 성장 속도에 주목하며, 뒤늦게 LFP 배터리 개발에 참여한 국내 배터리 제조사를 향해 중국업체에 뒤처진 채로 경쟁력을 갖출 수 있을지에 대한 부정적 의견도 나왔다. 겨우 2~3년 사이에 전기차 배터리 시장을 바라보는 시각이 달라진 것이다.

⚡ 전기차 배터리 미래: 새로운 모멘텀의 시대 ⚡

그럼, 앞으로의 전기차 시장은 LFP 배터리 중심으로 돌아가게 될까? 그렇지는 않다. LFP 배터리의 채용 비중은 지속 증가하겠지만, 결국 적정 수준에서 삼원계 배터리와 균형을 이루게 될 것이다.

이는 자동차 제조사들의 전기차 라인업과 연관이 높다. 현재 자동차 제조사들이 출시하고 있는 전기차는 차량 세그먼트별 1~2대 차종에 불과하며, 사실상 전 세그먼트를 커버하고 있지도 않다. 예를 들어, 현대자동차의 경우 준대형 차급이라 할 수 있는 E 세그먼트에 해당하는 전기차 모델은 2025년 출시 예정인 아이오닉 9(IONIQ 9)뿐이다. 다른 자동차 제조사들도 마찬가지다. 아직까지는 내연기관 차량 중심의 라인업이지, 전기차 라인업을 구축했다고 보기는 어렵다. 그래서 삼원계 배터리와 LFP 배터리를 혼용하는 형국이 나올 수 있는 것이다. 실제 현대자동차는 A 세그먼트 차종인 캐스퍼 일렉트릭에는 삼원계인 NCM 배터리를 탑재하고, B 세그먼트 차종인 코나 일렉트릭에는 LFP 배터리를 탑재했다. 차량 라인업별 배터리 전략이 불명확한 것이다.

그러나 자동차 제조사들이 전기차 중심으로 사업 구조를 전환해 세그먼트별 전기차 라인업을 구축하면, 배터리 탑재 방향성도 명확해질 것이다. 고성능이 요구되는 상위 세그먼트 차종에는 삼원계 배터리를 탑재하고, 가격 경쟁력이 중요한 하위 세그먼트 차종에는 LFP 배터리를 탑재할 가능성이 높다. 즉, 전기차 시장이 성장함에 따라 삼원계 배터리와 LFP 배터리의 수요는 자동차 제조사의 전기차 라인업에 맞춰 나란히 수요가 높아질 것이다.

다음으로 주목해야 할 것은 차세대 전기차 배터리다. 당연한 말이지만, 시장의 판도를 바꿀 혁신적인 제품의 등장은 기존 제품과 이를 생산하는 기업들을 한순간에 후발주자로 만들어 버린다. 우리가 잘 아는 애플의 아이팟과 아이폰 그리고 테슬라의 모델 S가 대표적인 사례다.

지금 전기차 배터리 시장에서 가장 주목받는 차세대 배터리는 단연 '전고체 배터리(All-Solid-state Battery)'다. 전고체 배터리는 말 그대로 양극재와 음극재 사이에서 전기를 흐르게 하는 전해질이 고체로 된 이차전지이다. 전해질이 고체라 기존 리튬이온 배터리보다 충격에 의한 위험이 극히 낮고, 에너지 밀도가 높으며, 인화성 물질이 포함되지 않아 발화 가능성이 현저히 낮은 장점이 있다. 대용량 구현도 가능하다. 아직 고체 전해질의 성능을 최대로 발휘할 수 있는 소재와 제조 공정 개발이 완료되지 않았고, 대량생산 기술이 부족해 생산 비용이 높을 것으로 예상되지만, 기존 배터리 제조사뿐 아니라 자동차 제조사까지 전고체 배터리 개발에 대한 투자와 기술 개발에 많은 노력을 기울이고 있다.

리튬이온 배터리와 전고체 배터리의 구조 비교

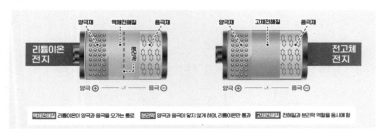

리튬이온 배터리	구분	전고체 배터리
고체 (리튬·니켈·망간·코발트 등)	양극재	고체 (리튬·니켈·망간·코발트 등)
고체 (흑연·실리콘 등)	음극재	고체 (리튬 금속·흑연·실리콘)
액체	전해질	고체 (황화물·산화물·폴리머)
고체 필름	분리막	불필요

출처: POSCO newsroom

    배터리 제조사 중 전고체 배터리 개발에 가장 앞서 있는 업체는 삼성SDI다. 2027년 양산을 목표로 개발 중이며, 국내 업계 최초로 전고체 배터리 파일럿 라인을 준공하고 시제품을 생산했다. 글로벌 자동차 제조사들에 전고체 배터리 샘플을 공급하여 성능을 평가받고 있기도 하다.

　국내 전기차 배터리 제조사 중 가장 먼저 전고체 배터리를 시장에 선보일 업체는 삼성SDI가 될 것이며, 이 시점에 전기차 배터리 시장은 커다란 전환점을 맞이하게 될 것이다.

　전고체 배터리 개발에 앞선 또 다른 기업은 배터리 제조사가 아닌, 글로벌 넘버원 제동차 제조사 토요타이다. 여러 자동차 제조사가 전고체 배터리 개발에 참여하고 있으나 아직 초기 단계이거나 전고체 배터리 스타트업에 투자하는 형태인 것에 반해, 토요타는 직접 전고체 배터리를 개발한다는 점에서 굉장히 이례적이다.

　토요타는 전고체 배터리 연구에 2020년 초반부터 집중해 2027~2028년 사이에 양산을 목표로 하고 있다. 그간 하이브리드 자동차에 집중하고 전기차 시장에서는 다소 소극적인 행보를 보여왔는데, 오히려 전기차 개발 대신 전고체 배터리 기술에 적극적으로 투자하면서 미래를 준비하고 있던 것으로 보인다.

　아마 토요타는 전고체 배터리와 같은 차세대 기술을 통해 다른 자동차 제조사와는 다른 전기차를 개발하고, 배터리 제조부터 전기차 양산까지의 전 과정을 총괄하는 게임 체인저로 등극하는 것을 목표로 할 것이다.

토요타의 배터리 기술 로드맵

| | TODAY | NEXT-GENERATION | | FURTHER EVOLUTION | | |
	2023	2026	2026-2027	2027-2028	2027-2028	TBD
	Battery for bZ4X	Performance	Popularisation	High-Performance	Solid-State 1	Solid-State 2
	Monopolar		Bipolar		N/A	N/A
Electrolyte type	Liquid				Solid	
Chemistry	Li-Ion		LifePO*1	Li-Ion		
Driving range(WLTP)	500km	〉800km	〉600km	〉1,000km	〉1,000km	〉1,200km
Cost	-	-20% vs bZ4X	-40% vs Bz4X	-10% vs NG performance version	TBD	TBD
Fast change time*2	~30 min.	~20 min.	~30 min.	~20 min.	~10 min.	TBD

출처: Toyota

그렇다면 자동차 제조사가 원하는 완벽한 전기차 배터리는 무엇일까?

이에 대한 답은 쉽다. 바로 전기차의 상품성에 부합하는 에너지 밀도, 충전 속도, 품질 안정성을 갖추고 전기차 수익성을 개선할 수 있는 적정 가격대의 배터리이다. 물론 이런 꿈의 배터리를 만드는 것은 현실적으로 불가능하다. 따라서 배터리 제조사가 나아가야 할 방향은 단기적으로 기존 삼원계와 LFP 배터리의 제품 경쟁력을 강화하여 시장 장악력을 높이고, 중장기적으로 전고체 배터리와 같은 차세대 배터리를 개발해 새로운 성장 모멘텀을 만드는 것이다. 이는 글로벌 경쟁이 심화하고 있는 전기차 배터리 시장에서 확고한 경쟁 우위를 확보할 수 있는 유일한 길이 될 것이다.

미래 전기차 배터리 사업,
누가 주도할 것인가?

앞에서도 언급했지만, 일시적인 정체기인 전기차 캐즘을 넘어 결국 본격적인 전기차 시대는 도래할 것이다. 이에 따라 기존 내연기관 차량 중심의 자동차 산업 구조는 전기차 중심으로 재편될 것이며, 전기차 배터리 사업은 지금과는 비교도 안 될 정도의 규모로 성장하게 될 것이다. 그렇다면 이 엄청난 규모의 전기차 배터리 시장은 온전히 기존 배터리 제조사들의 몫일까?

전기차 배터리 사업에 있어 빠지지 않고 거론되는 질문이 있다. 바로 '언제쯤 자동차 제조사가 전기차 배터리를 직접 개발하고 생산하게 될 것인가'이다. 그간 내연기관 차량에서의 핵심 기술은 단연 엔진 개발과 생산이었다. 그리고 엔진 기술은 자동차 제조사가 오랜 기간 투자하고 노력해 이룩한 자동차 기술의 정수이자, 자동차 제조사만의 전유물이었다. 당연한 얘기지만, 글로벌 자동차 제조사들은 직접 엔진을 개발하고 생산하고 있다.

그러나 전기차로 전환되면서 이와 다른 양상이 나타나기 시작했다. 자동차의 핵심 기술이 엔진이 아니라 배터리의 개발과 생산 분야로 전환된 것이다. 그리고 배터리를 직접 개발하고 생산하는 것은 자동차 제조사가 아닌, 배터리 제조사의 전유물이 되었다. 자동차 제조사 입장에서는 그리 유쾌한 일이 아니다. 그래서 결국에는 자동차 제조사가 자체적으로 전기차 배터리를 개발하고 생산할 거라는 전망이 나오기 시작했다.

그렇다면 자동차 제조사는 정말로 전기차 배터리를 자체 개발할까? 이에 대한 답은 자동차 제조사의 전동화 수준에 따라 달라질 것이다. 이번 장에서는 본격적인 전기차 도래 시기 전후로 나누어 자동차 제조사의 배터리 제조 시기에 대해 기술하려 한다.

⚡ 본격적인 전기차 시대 도래 전 ⚡

내연기관 차량보다 전기차의 비중이 더 높아지는 본격적인 전기차 시대가 오기 전까진, 토요타를 제외하고 자동차 제조사들이 직접 전기차 배터리를 개발하고 생산하는 일은 없을 것이다. 여기에는 크게 두 가지 이유가 있다.

첫 번째는 전기차 배터리 영역은 엄청난 투자와 기술이 필요한 사업이기 때문이다. 지금의 전기차 배터리 제조사들이 만들어 낸 성과는 오랜 시간에 걸친 기술 개발, 문제 해결, 끊임없는 개선과 막대한 투자를 통해서 이룩한 것으로, 절대 단기간에 만들어 낼 수 없다. 게다가 전기차 배터리 기술은 지금의 자동차 엔진 기술과는 확연히 다른 영역이어서 자동차 제조사로서는 보유한 기술을 활용할 수도 없다. 즉, 배터리 사업 역량을 갖추지 못한 자동차 제조사들이 전기차 배터리를 개발한다는 것은 실질적으로 불가능한 일이다.

두 번째는 장기적인 관점에서 보면 자동차 제조사가 전기차 배터리 개발을 위한 투자와 노력을 해야 하는 건 맞지만, 그 시점이 자동차 제조사의 전기차 비중이 낮은 지금일 필요는 없기 때문이다. 글로벌 전기차 판매량은 지속 증가하고 있지만, 아직은 비중이 그리 높지 않다. 2023년 기준 전 세계 전기차 판매량은 약 1,400만 대로 2022년 대비 35% 증가한 수치지만, 전체 자동차 판매량의 약 18% 수준에 불과하다. 18%가 결코 낮은 숫자는 아니지만, 중국의 비중이 압도적이라는 점을 생각하면 아직 전동화 수준은 높다고 할 수 없다.

2023년 글로벌 전기차 판매 비중

중국	유럽	미국	기타
60%	25%	10%	5%

출처: 재생에너지정책연구실, 〈글로벌 EV 시장 동향 및 전망〉

자동차 제조사 관점에서 봐도, 2024년 글로벌 기준 폭스바겐그룹의 전체 차량 생산량 중 전기차 비중은 약 8.8%이며, 현대자동차그룹의 전기차 비중은 6.3% 수준이다. 전기차 생산 대수와 비중이 증가하고 있다고는 하나, 전체 생산량 기준으로 보면 여전히 낮은 수준이다.

이런 상황에서 자동차 제조사들이 자체적으로 전기차 배터리를 개발하는 것은 굉장히 비효율적인 일이다. 생산 비중이 20%도 넘지 않는 전기차 배터리를 자체 개발하기 위해 대규모로 투자하는 비합리적 의사결정은 하지 않을 것이다. 이보다는 전기차 배터리 제조사로부터 이미 검증된 배터리를 공급받는 것이 훨씬 합리적인 판단이라 할 수 있다.

물론 어디까지나 내연기관 차량보다 전기차 판매 비중이 더 낮을 때의 이야기다. 전기차 판매 비중이 절대적으로 높아진다면 자동차 제조사들은 전기차 배터리 개발에 적극적으로 참여하게 될 것이다. 이때가 자동차 제조사들이 자체적으로 전기차 배터리를 개발하고 생산하는 시점이 될 것이다.

⚡ 본격적인 전기차 시대 도래 후 ⚡

물론, 자동차 제조사들은 이미 전기차 배터리 개발을 위한 준비를 하고 있다. 배터리 제조사와 해외에 합작 공장(Joint venture)을 설립하고, 자체적인 배터리 연구개발 거점 또는 배터리 생산 자회사를 구축하는 것이다.

자동차 제조사와 배터리 제조사의 합작 공장은 양사 관점에서 원원전략이 될 수 있는 협업이다. 자동차 제조사는 전기차 배터리 공급망을 확보하면서 배터리 기술력을 획득할 수 있고, 배터리 제조사는 안정적인 배터리 수요를 확보한 상태에서 사업을 운영할 수 있기 때문이다.

자동차 제조사와 배터리 제조사 합작 공장 현황

구분	LG에너지솔루션	삼성SDI	SK On
현대자동차	●		●
스텔란티스	●	●	
GM	●	●	
포드			●
혼다	●		

합작 공장 외에도 자동차 제조사들은 배터리 기술 내재화를 위한 투자를 하고 있다. 2024년 현대자동차는 경기도 안성에 전기차 배터리 R&D 시설을 구축한다고 발표했다. 전기차 배터리 핵심 기술을 개발하고 시제품 생산과 테스트를 위한 대규모 거점으로 2027년 완공을 목표로 하고 있다.

현대자동차는 전고체 배터리 내재화에도 본격 착수했다. 의왕 연구소에 전고체 배터리를 시험 생산할 수 있는 파일럿 라인을 구축 중이며, 2025년 상반기 내에 라인을 가동할 것으로 예상된다. 파일럿 라인에서 생산되는 시제품을 자사 전기차에 탑재해 배터리 성능과 품질을 테스트할 것이다.

　이를 통해 전기차 시대에 자동차 제조사의 궁극적인 목표인 '배터리 자립'과 '차세대 배터리 기술 확보'를 달성할 수 있을 것이다.

　글로벌 자동차 제조사들의 행보도 적극적이다. 테슬라는 원통형 배터리의 설계와 양산을 자체적으로 진행하고 있고, 토요타는 배터리 개발사 '프라임어스 EV 에너지'를 자회사로 편입해 자체 공장 가동을 계획 중이며, 폭스바겐그룹은 2022년에 배터리 생산 자회사인 '파워코(PowerCo)'를 설립해 2030년 유럽에만 240GWh 규모의 배터리 생산공장을 설립할 계획이다. 그리고 BMW그룹은 2019년에 전기차 배터리 셀 개발, 설계, 제조 가능성을 연구하는 'BCCC(Battery Cell Competence Centre)'를 설립하고, 2022년에는 배터리 셀을 생산하는 CCMC(Cell Manufacturing Competence Centre) 구축을 완료했다.

BMW CCMC 전경

출처: BMW Group press

각 거점의 규모를 보면 아직은 전기차 배터리 양산이 아닌, 배터리 연구, 개발, 시제품 생산과 테스트를 위한 목적이 커 보인다. 그러나 이런 거점 확보와 투자는 향후 전기차 배터리 양산 체계 구축을 위한 중요한 기반이 될 것이다.

사실 자동차 제조사 관점에서 전기차 배터리를 직접 개발하고 생산하는 것은 선택이 아닌 필수다. 배터리 기술력이 곧 전기차 기술력이기도 하고, 내재화하지 않으면 단순 자동차 조립업체로 전락할 수도 있기 때문이다. 그러므로 자동차 제조사는 지금부터 전기차 배터리 기술 내재화를 준비해야 한다. 전기차 배터리 사업은 막대한 자본과 높은 기술력이 요구되기 때문에, 철저히 준비하지 않으면 기존 배터리 제조사들과의 경쟁에서 결코 살아남을 수 없다. 배터리 내재화에 실패하게 된다면 결과적으로 막대한 재정적 손실을 보게 될 것이다.

개인적으로 토요타, 현대자동차그룹, GM 등의 업체들처럼 배터리 내재화를 위한 R&D 시설이나 거점을 직접 구축하는 것이 옳은 선택이라 생각한다. 배터리 개발 업체에 투자하거나 자회사를 운영하는 것도 방법이 될 수 있으나, 이는 자동차 제조사가 직접 운영하는 방식보다 많은 면에서 경쟁력이 떨어질 것이다. 특히 자동차 제조사가 보유한 R&D, 생산 기술, 품질 관리 역량을 활용하는 것이 더욱 효과적일 것이다.

자동차 제조사가 직접 전기차 배터리를 만들게 되면, 기존 전기차 배터리 제조사들의 미래는 암울한 것일까?

꼭 그렇지는 않다. 현시점에 자동차 제조사와 배터리 제조사의 배터리 기술 격차는 엄청나며, 이를 자동차 제조사가 단시간에 따라잡는 건 불가능하다. 게다가 배터리 제조사는 기술 혁신과 개발을 통해 배터리 경쟁력을 강화할 뿐 아니라, 차세대 배터리 개발에 박차를 가하고 있기에 기술 격차는 더 커질 가능성이 크다.

자동차 제조사도 자체적으로 배터리를 개발하는 것보다 배터리 제조사가 만든 배터리를 탑재하는 것이 성능이나 비용 면에서 더 나은 선택이라면 배터리 내재화를 포기하게 될 것이다. 결국 글로벌 탑티어 자동차 제조사만이 전기차 배터리 내재화에 성공하게 될 것이고, 내재화에 실패한 업체는 배터리 제조사에 의지하게 될 수밖에 없다. 배터리 내재화에 성공한 업체만이 전기차 시장에서 확고한 경쟁 우위를 확보하게 되고, 그렇지 못한 업체들은 자연스럽게 시장에서 뒤처지게 될 것이다. 그렇다면 배터리 내재화에 실패한 자동차 제조사들이 잃어버린 시장은 누구의 몫이 될까? 바로 배터리 제조사들의 몫이 될 가능성이 크다. 이때가 되면, 배터리 제조사들은 지금보다 더 큰 규모로 사업을 영위하며 자동차 산업에서의 영향력을 확대할 것이다.

2035년 이후에는 자체 배터리 개발에 성공한 글로벌 탑티어 자동차 제조사들의 전기차가 출시되지 않을까 한다. 물론 토요타는 그보다 앞서 본연의 기술로 만들어진 전기차를 선보일 것이다. 그리고 배터리 제조사들은 지금보다 더 큰 규모로 성장하여 전기차 시장의 핵심 플레이어로 확고히 자리 잡게 될 것이다.

4장

전기차 충전 사업,
전기차 시장과
함께 성장하는
고부가가치 사업

전기차 시대의 영원한 숙제,
전기차 충전

사람들이 전기차를 구매할 때 가장 고민하는 요소는 '가격, 주행 거리, 충전'이다. 그중 가격과 주행거리는 자동차 제조사와 배터리 제조사가 개선해야 할 일이지만, 충전 인프라는 전기차 충전기 제조업체, 충전기를 설치해 충전소를 운영하는 업체, 충전 네트워크 정보를 제공하는 서비스 업체까지 다양한 플레이어들의 참여가 필요한 광범위한 일이다.

전기차 사업 초기부터 슈퍼차저라는 전용 충전 네트워크를 도입한 테슬라를 제외하고, 기존 자동차 제조사들은 전기차 충전 네트워크 구축과 운영에 대해서는 다소 소극적이었다. 자동차 제조사뿐만 아니라 주유소 네트워크를 보유한 에너지 업체들 역시 전기차 충전 인프라 확충에는 적극적이지 않았다. 그래서 전기차 충전소 설치와 확대는 주로 공공기관이나 지자체 주도로 이루어진 게 사실이다.

이렇게 전기차 충전 인프라 부족은 사람들에게 있어 전기차 구매를 망설이게 하는 큰 요소가 되었고, 특히 초기 전기차들은 주행거리가 짧았기 때문에, 충전 이슈는 사람들에게 더욱 크게 다가올 수밖에 없었다.

이런 상황에서 전기차 고객의 충전 불안을 줄이기 위한 이동형 충전 서비스가 나타나기 시작했다. 대표적인 서비스가 2016년, 현대자동차가 론칭한 '찾아가는 충전 서비스'이다.

찾아가는 충전 서비스는 차량 간 충전 방식인 V2V(Vehicle to Vehicle) 서비스로, 쉽게 말해 전기차를 충전 차량으로 개조해, 충전 차량의 전기로 다른 전기차를 충전하는 방식이다. 론칭 이후, 충전 차량의 수와 서비스 지역을 지속해서 확대했으며, 2023년에는 충전 시간을 대폭 단축한 V2V 급속 충전 서비스를 선보이기도 했다.

현대자동차 V2V 급속 충전 서비스

출처: 현대자동차

이러한 이동형 충전 서비스 분야에는 현재 스타트업 중심으로 많은 업체가 뛰어든 상태다. 그중 전기차 충전 서비스 업체 '아론'은 모바일 앱 '충전온다'를 통해 서비스를 신청하면 기사가 직접 차량이 주차된 곳에 찾아가 이동식 충전기를 설치하고 차량을 충전해주는 서비스를 제공한다. 충전 차량이 아닌 이동형 충전기를 설치한 후 수거하는 방식이 차별점이다. 그리고 전기차 플랫폼 일렉베리를 운영하는 '티비유'는 V2V 충전 서비스뿐 아니라 ESS(에너지 저장 장치)가 장착된 충전 트럭을 활용한 이동형 충전 서비스를 구현했다.

이에 환경부는 2024년 전기차 인프라 보조금 예산에 '이동형 전기차 충전 서비스 사업'을 신설해 300억 원을 편성하고, 주요 기업 및 지자체와의 협력 관계를 조성하여 서비스 확대를 지원하고 있다.

그럼 앞으로도 이동형 전기차 충전과 같은 서비스들이 지속 확대될 수 있을까?

개인적으로 이동형 충전 서비스와 같은 충전 지원 서비스들은 전기차 충전 이슈 해소 관점에서 봤을 때 지극히 단기적인 솔루션이라 생각한다. 전기차 시장의 성장에 어느 정도 도움을 준 것은 분명하지만, 전기차 충전의 불편함을 약간 줄인 것에 불과할 뿐 근본적인 대책이 될 수 없기 때문이다. 장기적 관점, 즉 본격적인 전기차 시대가 도래했을 때를 생각해보면 이런 서비스의 효용 가치는 극히 낮다.

내연기관 차량 운전자 중에 누가 주유를 걱정하고, 누가 이동형 주유 서비스를 원할 것인가? 운전자에게 주유는 그저 편의점에 방문하는 것과 같은 일상 속의 한 부분일 뿐이다. 전기차 충전 역시 마찬가지여야 한다. 충전을 위한 별도의 서비스가 존재하는 것 자체가 전기차 충전이 사람들에게 여전히 불편한 일이라는 뜻이다.

국토교통부에 따르면, 2024년 상반기 기준 우리나라 자동차 등록 대수는 약 2,613만 대로 이 중 휘발유 차량, 경유 차량, 하이브리드자동차가 89%(2,364만 대)를 차지한다. 전기차는 누적등록대수 기준 2.3%(약 60.7만 대) 비중이다.

2024년 상반기 기준 자동차 누적등록대수 (단위 : 천)

구분	누적등록대수(비중)
휘발유(하이브리드)	13,856(53.4%)
경유	9,500(36.6%)
전기	544(2.1%)
수소	34(0.1%)
LPG/기타	2015(7.8%)
종합	24,949(100%)

출처: 국토교통부

또한, 한국석유관리원에 따르면, 2024년 기준 국내 주유소 수는 약 10,900개소이다. 휘발유 차량(하이브리드 자동차 포함)과 경유 차량 2,346만 대를 기준으로 하면, 주유소 1개소당 약 2,150대의 차량을 대응하는 것으로 볼 수 있다. 주유소별 주유기가 8대라고 가정하면 주유기 1대당 269대의 차량을 대응하는 셈이다. 물론 이는 지역별 수요와 편차를 고려하지 않는 단순 가정이므로 참고 정도로 생각하면 된다.

전기차 충전기도 꾸준히 증가했다. 이는 충전기 1대당 전기차 대수를 의미하는 차충비를 보면 알 수 있는데, 2018년에는 차충비가 2대였던 반면, 2023년에는 차충비가 1.78대로 줄었다. 참고로 2023년 기준, 전기차 충전기 누적 보급 대수는 약 30만 5,309대이다.

이렇게 통계를 보면, 내연기관 차량은 주유기 1대당 269대를 대응하고 있지만, 전기차의 차충비는 겨우 1.78대 수준이니 전기차 충전 인프라가 생각보다 잘 구축됐다고 생각할 수 있다. 실제로 미국이나 유럽과 비교해 국내 차충비는 우수한 편이며, 전 세계적으로 전동화율이 가장 높은 중국과 유사한 수준이다.

문제는 이러한 수치가 단순 숫자에 불과하다는 것이다. 전기차 충전 이슈는 여전히 존재하고 있으며, 오히려 전기차 보급 대수가 늘어남에 따라 사람들이 체감하는 충전 문제는 더욱 커지고 있다.

그렇다면 전기차 시대를 준비하기 위해 시급하게 해결해야 할 충전 인프라 문제는 무엇일까? 가장 빨리 해결해야 할 과제는 바로 '충전 인프라에 대한 체감 만족도'를 올리는 것이다. 실제로 전기차 충전소는 늘었지만, 충전 인프라에 대한 체감 만족도는 떨어지고 있다.

다음 표를 보자. 전기차 충전기 보급 대수는 매년 꾸준히 증가하고 있지만, 여전히 전기차 구매를 망설이는 이유로 '충전 인프라 부족'이 높은 비중을 차지하고 있다. 전기차 충전 인프라에 대해 사람들이 체감하고 있는 문제점들을 개선하지 않으면 전기차 보급 대수가 늘어날수록 충전 이슈는 지속해서 커질 것이다.

전기차 충전기 보급 대수

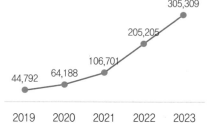

EV 사용 시 애로사항

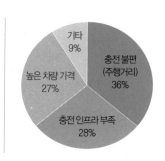

출처: 환경부 / EV트렌드코리아 2024

그렇다면 충전 인프라 체감 만족도가 떨어지는 원인은 무엇일까? 가장 큰 원인은 완속 충전기 비중이 큰 것이다. 앞서 언급한 약 30만 대의 전기차 충전기 중 무려 88%가 완속 충전기이고, 급속 충전기는 단 12%에 불과하다. 현재 설치된 전기차 충전기 대부분이 완속 충전기라는 뜻이다.

다음 표는 2023년 4월 기준, '주요 시도별 차충비 현황'이다. 급속 충전기와 완속 충전기를 합한 전체 충전기 기준으로 보면, 차충비는 제주와 같은 일부 지역을 제외하고 2대를 넘지 않지만, 급속 충전기 기준으로 보면 차충비는 두 자릿수가 넘는다. 급속 충전기 기준으로 차충비를 보면 충전기 1대당 약 11.14대를 대응해야 하며, 특히 서울, 인천, 부산 등 인구가 많은 지역은 더욱 높은 차충비를 보인다.

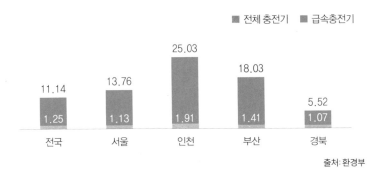

주요 시도별 차충비 현황

전체 충전기 ■ 급속충전기

전국	서울	인천	부산	경북
11.14	13.76	25.03	18.03	5.52
1.25	1.13	1.91	1.41	1.07

출처: 환경부

　물론, 2018년 차충비는 2대였고, 2022년에는 1.9대 그리고 2023년에는 1.78대까지 차충비는 낮아졌다. 단순 숫자로 본다면 전반적으로 개선되고 있다고 생각할 수 있다. 그러나 급속 충전기 기준으로 보면 여전히 충전 인프라는 열악하다.

　충전 시간도 문제다. 2023년 기준, 전기차 1대를 완속 충전하는 데 걸리는 평균 시간은 약 9.8시간이었다. 사실상 9.8시간을 기다리면서 차량을 충전하는 사람은 없을 것이므로, 이는 완속 충전기를 사용한 사람들이 차량을 운행하지 않는 시간대에 충전했다는 걸 의미한다. 아파트에 설치된 충전기나 가정용 충전기를 이용해 야간에 차량을 충전하거나, 낮에 차량을 이용하지 않고 충전하는 경우다.

　이런 사실 자체가 전기차 충전이 얼마나 불편한지 알 수 있다. 내연기관 차량 운전자 중 밤마다 주유하거나 낮에 차량을 주유소에

놔두는 사람은 없을 것이다. 즉, 차량 연료가 부족해지면 주유소에 가서 주유하는 것처럼, 전기차 역시 충전이 필요할 때 충전소에 가서 빠르게 충전할 수 있는 환경을 조성해야 할 것이다.

결론적으로 사용자가 만족할 수 있는 실질적인 충전 인프라를 구축하려면 명확한 충전 거점 전략이 필요하다. 전기차 운행 대수를 기준으로 지역별 환경에 최적화된 충전소 확보 방안을 검토하고, 전기차 보급 대수에 맞춰 점진적으로 충전소를 확대해야 한다. 또한, 전기차 충전소는 급속 충전기나 초고속 충전기 중심으로만 구축되어야 하고, 차충비 역시 급속 충전기 기준으로 관리해야 한다. 완속 충전기는 주거지 중심으로 야간 충전용으로만 활용되어야 한다.

그다음 중요한 것은 '충전기의 품질 관리'이다. 전기차 충전을 해본 사람이라면 충전기 문제로 충전하지 못한 경험이 있을 것이다. 충전소에 도착했으나 충전기가 작동하지 않거나 충전 카드가 인식되지 않는 상황들이 대표적이다. 충전이 시급한 때에 이런 일을 겪으면 전기차 구매를 후회하기 마련이고 이는 전기차 재구매를 망설이게 하는 요인이 된다.

이는 생각보다 큰 문제로, 주유소와 비교하면 얼마나 비정상적인 일인지 알 수 있다. 셀프 주유소에 방문했을 때 주유기나 카드 인식 문제로 주유하지 못하는 일은 흔치 않다. '무공해차 통합누리집'을 보면 공공충전시설 기준으로 업체별 사용 가능 충전기와 사용 불가

충전기를 확인할 수 있다. 고장률과 실제 조치 기간을 보면 양호한 수준이지만, 충전기 문제를 겪은 사람들의 부정적인 경험이 워낙 강하기에 전기차에 대한 부정적 인식으로 이어진다.

2024년 11월 전기차 공공 급속 충전시설 운영 현황

구분	전체	채비	시그넷	이브이시스	클린일렉스
총계	8,378	4,833	2,291	954	300
사용 가능	8,292	4,791	2,261	943	297
임시 운영 중지	68	34	24	8	2
충전시설 고장	18	8	6	3	1
고장률(%)	0.2	0.2	0.3	0.3	0.3
주간 평균 조치일	2일	2일	2일	2일	0일
월간 평균 조치일	3일	3일	3일	3일	12일

출처: 환경부

　중요한 것은 충전기 상태를 정확히 진단하고 관리하는 것이다. 충전기 고장률에 대한 데이터 정합성 향상, 고장 원인 파악 및 근본적인 대책 수립 등을 체계적으로 관리하고 개선해야 한다. 충전기 고장률을 최소 0.01% 이하 수준으로 관리해야 한다. 또한, 사용자들에게 정확한 충전소 정보를 쉽게 제공하는 것도 필요하다. 충전소 정보의 정확도를 높이고, 사람들이 쉽게 이용할 수 있는 환경을 만들어야 한다. 이 부분에 대해서는 충천 인프라 방향성 부분에서 자세히 기술하겠다.

전기차 충전 사업,
누가 주도할 것인가?

전기차 시장이 고속 성장함에 따라 전기차 충전 사업의 규모 역시 커지고 있으며 전망 또한 긍정적이다. 에너지 전문 시장조사업체인 SNE리서치는 국내 충전 인프라 시장 규모가 2023년 9,000억 원 수준에서 2030년에는 6조 3,000억 원 수준으로 약 7배가량 커질 것으로 내다보았다. 글로벌 전기차 충전 시장 역시 전망이 밝다. 독일의 컨설팅업체 롤랜드버거는 2023년 550억 달러였던 전 세계 전기차 충전 인프라 시장이 2030년에는 약 3,250억 달러, 한화로 약 451조 원인 초거대 시장을 형성할 것으로 내다보았다. 물론 충전 사업의 성장세역시 전기차 시장 규모에 따라 결정될 것이므로, 시장 전망은 변경될 가능성이 높다.

그렇다면 이 거대한 전기차 충전 시장을 과연 누가 주도하게 될 것인가? 현시점에 이에 대해 정확히 답할 수 있는 사람은 없다. 전기차 시장의 규모에 따라 충전 사업을 주도하는 플레이어 역시 다를 것이기 때문이다. 그러나 본격적인 전기차 시장이 도래하면 에너지 업체를 중심으로 충전 인프라가 조성될 확률이 높다. 이 장에서는 CPO(Charging Point Operator, 충전 사업자), 자동차 제조사 그리고 에너지 업체들이 전기차 충전 사업에 어떻게 접근하고 있고, 그 전망은 어떠한지 기술하려고 한다.

⚡ CPO 업체 ⚡

CPO 업체는 전기차 충전 인프라 설치와 운영 관리를 하는 업체로, 충전기 업체를 통해 충전기를 구매해 충전 인프라를 구축하는 형태로 사업을 영위한다. 구체적으로 다음 표와 같은 업무를 수행한다고 보면 된다.

충전기 설치	전기차 충전소 설치 위치 선정 후 설계 및 건설 진행
충전 인프라 운영	충전소 관리 시스템 구축 및 충전 요금/정책 설정
충전 인프라 관리	충전소 정기점검/유지보수 및 안전 관리
대 고객 서비스	충전소 이용 안내를 위한 고객 서비스 제공

사실 전기차 시장 초기, 그 누구보다 빠르고 적극적으로 충전 인프라를 구축해온 건 CPO 업체들이었다. 투자 대비 저조한 수익률

로 인해 사업을 확장하기 어려웠음에도 CPO 업체들이 충전 인프라를 구축했기에 지금처럼 전기차 시장이 성장할 수 있었다. 다만, 전기차 시장 규모가 일정 궤도에 오르게 되면, 즉 전기차 운행 대수 비중이 30% 수준을 넘어가면 CPO 업체 중심의 충전 인프라 구축은 한계에 다다를 것으로 보인다. 전기차 충전소는 궁극적으로 현재의 주유소 모델과 유사한 형태로 구축되어야 하기 때문이다. 충전 수요에 기반한 최적의 위치에 일정 개수 이상의 초고속 충전기가 설치된 전기차 충전소가 만들어져야 한다는 뜻이다. 고속도로 휴게소 내 전기차 충전소뿐 아니라, 단독 거점 형태의 충전소들이 도심 내에 구축되어야 전기차 100만 대, 500만 대 그리고 1,000만 대 이상의 대응이 가능하다.

이런 면에서 보았을 때, CPO 업체들이 운영하는 충전 인프라는 전기차 운행 대수가 증가하면 제 역할을 하지 못할 것이다. 단독 충전소가 아니라 공공기관, 아파트, 상가 건물 주차장 내에 설치하는 형식이어서 긴급하게 충전이 필요하거나 해당 지역에 방문했을 때 잠깐 충전하는 데에 적합하기 때문이다. 게다가 CPO 업체들이 부지를 임대하거나 매입해서 일정 규모 이상의 단독 충전 거점을 운영하는 것도 다소 부담스러운 일이다.

개인적으로 전기차 시장이 성숙기에 진입함에 따라 초기 전기차 시장의 성장을 뒷받침한 CPO 업체들의 사업 경쟁력은 오히려 떨어질 것으로 본다. 국내 시장만 봐도 100개가 넘는 CPO 업체가 있으며, 상위권 업체를 제외하면 나머지는 사실상 영세한 수준이다. 그러므로 탄탄한 사업 기반과 재무 구조를 갖춘 대형 CPO 업체들만이 생존할 가능성이 크다.

CPO 업체들은 전기차 시장이 성장하고 있는 모습을 단순히 긍정적인 신호로만 인식해서는 안 된다. 자동차 제조사, 에너지 업체 그리고 대기업들의 충전 사업 진출을 지켜보면서, 본격적인 전기차 시대의 충전 인프라 조성에 있어 어떤 역할을 담당할 수 있을지 자체적으로 정의해야만 한다.

방식은 다양하다. 엄청난 투자를 통해 단독 충전 거점을 운영하거나, 자동차 제조사 또는 에너지 업체 산하의 충전소를 위탁받아 운영하는 것도 가능할 것이다. 무엇보다 중요한 건 오랜 기간 충전소를 운영하며 쌓은 경험과 노하우를 바탕으로 CPO 업체만의 핵심 역량을 확보하고, 독자적인 사업 모델을 수립하는 것이다. 사업 체계를 고도화해 충전 사업자가 아닌 '충전 서비스 제공자(Charging Service Provider)'로서 그 역할을 재정립한다면, 다가오는 전기차 시대에도 중요한 역할을 담당할 수 있을 것이다.

⚡ 자동차 제조사 ⚡

자동차 제조사 중 충전 사업에 가장 적극적인 업체는 단연 테슬라다. 충전 인프라의 중요성을 잘 알고 있었기에 전기차 제조와 동시에 전용 충전 네트워크인 슈퍼차저를 도입했다.

2024년 상반기 기준, 테슬라는 전 세계에 5만 개가 넘는 슈퍼차저를 구축했다. 2023년 SAE International(기존 미국 자동차공학회)가 테슬라의 충전 커넥터인 NACS(North American Charging Standard)를 북미 충전 표준으로 확정한 이후 거점 수는 지속 확대 중이다. 실제 GM, 포드, 현대자동차, 기아의 전기차도 테슬라의 충전 커넥터인 NACS를 도입한다고 발표했고, 테슬라 또한 슈퍼차저를 포함한 자사의 충전 네트워크를 자동차 제조사들에 개방하기로 했다. 현재 국내 역시 테슬라 차량이 아니어도 슈퍼차저를 이용할 수 있다.

테슬라의 슈퍼차저

출처: Tesla

테슬라와 비교해 상대적으로 충전 사업에 적극적이지 않았던 기존 자동차 제조사들도 현재 각 사의 전동화 전략에 기반하여 전기차 충전 네트워크 확보에 박차를 가하고 있다.

우선 현대자동차는 독자적인 초고속 충전소 브랜드인 '이피트

(E-pit)'를 론칭한 후 거점을 확대하고 있다. 고속도로 휴게소 중심으로 이피트를 구축한 후, 도심으로 거점을 확장하고 있다. 기존 급속 충전소보다 월등히 빠른 350kW급의 충전 속도를 제공하는데, 이는 테슬라의 슈퍼차저와 동일한 속도로 아이오닉 5를 약 18분 만에 80% 충전할 수 있는 속도다.

또한 BMW, GM, 혼다, 메르세데스 벤츠, 스텔란티스, 토요타와 미국에서 전기차 충전 동맹 결성을 발표했고, 북미 지역의 전기차 충전 네트워크 구축을 위한 합작회사 '아이오나(IONNA)'를 설립했다. 아이오나는 2025년 미국 노스캐롤라이나 본사에서 론칭 행사를 열고 초고속 충전소 4개소를 발표했다. 전기차 수요 급증에 따른 안정적인 충전 인프라 구축을 위해 북미 지역에 2030년까지 3만 대 이상의 초고속 충전기를 설치할 계획이다.

현대자동차의 이피트

출처: 현대자동차

2023년 기준, 유럽에 약 50만 대의 충전기를 보유한 업체가 나타났다. 바로 폭스바겐그룹 산하 충전 네트워크 업체인 '엘리(Elli)'이다. 엘리는 2019년, 폭스바겐그룹이 충전 솔루션을 제공하기 위해 설립한 회사로 가정, 사무실, 일반 도로변 등에 다양한 방식의 충전 솔루션을 제공하고 있다. 폭스바겐그룹의 전기차 충전 인프라 확보를 위한 투자와 노력을 보여주는 사례라 할 수 있다.

또한, 폭스바겐그룹은 유럽의 주요 자동차 제조사들과 협력하여 '아이오니티(IONITY)'라는 초고속 충전 네트워크를 구축하기도 했다. 아이오니티는 최대 350kW의 충전 속도를 지원하는 초고속 충전소로, 현재 유럽 전역에 설치되고 있다.

폭스바겐그룹의 아이오니티

출처: IONITY

전기차 충전 사업에 있어 가장 유리한 위치에 있는 건 사실 자동차 제조사이다. 전기차를 직접 설계하고 생산한다는 것은 충전과 관련된 모든 사항에 대해 자체적인 표준을 만들 수 있다는 뜻이기 때문이다.

충전 속도, 충전 방식, 충전 거점, 고객 관리 등 전기차 충전과 관련된 전 부문에서 주도권을 가질 수 있으며, 결국 충전 사업에 대한 변화와 혁신 역시 자동차 제조사가 주도하게 될 것이다. 이뿐만 아니라 자동차 제조사는 전기차 시장 환경의 변화에도 탄력적으로 대응할 수 있어 가장 안정적인 충전 사업 운영 역시 가능할 것이다. 2024년에 본격적으로 시작된 전기차 캐즘 시기에 자동차 제조사가 전동화 속도를 조절한 것처럼, 충전 인프라 구축 역시 전동화 속도에 맞게 조정할 수 있다.

　　물론 궁극적으로 충전 사업은 주유소 운영과 마찬가지로 최적의 위치를 확보하고 고객 니즈를 충족시킬 수 있는 충전 서비스를 제공해야 한다. 자동차 제조사가 직접 부지를 확보해 충전소를 구축하고 운영하는 것은 투자 대비 그리 매력적인 사업은 아닐 것이다. 이보다 자동차 딜러십 모델처럼 전기차 충전소에 대한 브랜드와 거점 표준을 제공하고 일반 사업자에게 충전소를 운영하게 하는 위탁 모델이 더 효과적일 것이다. 예를 들어 현대자동차의 국내 판매 대리점이나 블루핸즈와 같이, 전기차 충전소 역시 현대자동차 산하의 독자적인 충전소 브랜드를 만들어 위탁 운영하는 것이다.

　　이 외에 기존 에너지 업체들과 협업하여 별도의 전기차 충전 브랜드가 만들어질 수도 있다. 예를 들어 현대자동차그룹과 GS칼텍스가 협업하여, 기존 주유소를 현대자동차그룹 전용 전기차 충전소로 전환하는 거점 운영 방식도 도입될 수 있다.

물론 이런 사업 모델이 만들어지면, 기존 전기차 충전 사업자들은 시장 내에서 경쟁력을 잃게 될 것이다. 자동차 제조사 산하의 충전 거점을 위탁받아 운영하거나, 주차장과 같은 특정 공간에 충전소를 운영하는 제한적인 모델만 남게 될 것이다.

⚡ 에너지 업체 ⚡

에너지 사업은 전기차 충전 사업과 연관성이 높은 부문 중 하나다. 그중 친환경 사업과 대척점에 있는 정유사의 경우, 전기차 시장이 성장함에 따라 기존 사업 재편을 준비해야만 한다. 개인적으로 전기차 충전 사업을 위한 최상의 인프라를 보유한 부문도 에너지 업체지만, 역설적으로 충전 사업에 가장 보수적으로 접근하는 부문 역시 에너지 업체라 생각한다. 기존 핵심 사업군인 정유사업과 충돌하는 부분이 있어 적극적으로 뛰어들지는 못하겠지만, 중장기적 관점에서 보면 친환경 에너지 전략을 수립해야만 한다.

글로벌 에너지 업체 쉘(Shell)은 2050년까지 넷 제로(Net-zero Emission) 에너지 업체로의 도약을 목표로 다양한 친환경 사업을 개진하고 있다. 그중 충전 인프라 관련해서는 현재 주유소와 소매점을 포함한 전 세계 주요 지점에 6만 개소의 전기차 충전소를 보유하고 있고, 2025년까지 7만 개소, 2030년까지 약 20만 개소의 전기차 충전소를 확보할 것으로 발표했다. 또한 쉘은 2020년, 영국 런던에 전기차 전용 충전 거점인 'EV 차징 허브(EV Charging Hub)'를 구축하기도 했다. EV 차징 허브는 100% 인증된 재생 에너지원에서 공급된 전기를 사용하고, 당시에는 빠른 충전 속도였던 175kW의 급속 충전기를 도입했다. 또한, 충전 대기 고객들을 위해 커피와 스낵을 즐길 수 있는 카페테리아와 고객 라운지를 만들어 다양한 고객 만족 서비스를 제공했다. 이는 단순한 전기차 충전소가 아니라, 미래 전기차 시대의 충전 거점에 관한 하나의 방향성을 제시한 것으로 보인다.

그 외 주요 글로벌 에너지 기업으로는 셰브론(Chevron), BP 등이 전기차 충전 사업에 참여하고 있으며 점차 그 영역을 확대해 가고 있다.

쉘의 EV 차징 허브

출처: Shell

국내 에너지 업체 또한 전기차 확대에 따라 전기차 충전 영역으로 사업을 확장하고 있다. 주유소 수가 지속 감소하고 있는 상황에서 친환경 사업으로의 전환은 에너지 업체에게 선택이 아닌 필수라할 수 있다. 실제 한국석유관리원은 전기차 보급이 가속화됨에 따라 2040년 국내 주유소는 현재의 4분의 1 수준에 불과한 3,000개소만 남을 것으로 전망했다.

국내 에너지 기업의 충전 사업 추진 현황에 대해 살펴보자.

우선, 충전 사업에 가장 적극적이었던 GS칼텍스는 2019년에 본격적으로 충전 사업을 시작해 2023년, 전기차 충전소 161개소와 전기차 충전기 337대를 확보한 국내 최대 충전소 보유 정유사가 되었다. 2020년 미래지향적 사업을 통합하는 새로운 브랜드인 '에너지플러스(energy plus)'를 제시하며, 에너지 기업으로서의 변화와 확장의 의지를 선보였다. 에너지플러스 허브, 에너지플러스 모바일 서비스 등 다양한 영역으로 사업을 확대 중이다. '에너지플러스 허브'는 모빌리티 인프라와 라이프 서비스가 결합된 미래형 주유소로, 주유, 전기차 충전, 수소 충전, 마이크로 모빌리티, 물류 거점 등의 기능이 결합된 거점으로 운영될 예정이다. 또한 에너지플러스 EV앱을 만들어 온라인상에서 사용자들이 쉽게 전기차 충전소를 검색하고 이용할 수 있는 서비스(차량 자동인식, 간편결제 등)를 제공하고 있다.

GS칼텍스 외에도 GS그룹은 타 CPO 업체 대비 압도적인 규모의 충전 인프라를 보유한 차지비(CHARGEV)를 인수하면서 국내 1위

전기차 충전 서비스 사업체를 보유하게 됐다.

GS칼텍스의 에너지플러스 허브 조감도

SK에너지도 2022년 넷 제로 기업을 선언하며 기존 주유소를 '에너지 슈퍼스테이션'이라는 이름의 친환경 복합 거점 형태로 전환하고 있다. 쉘의 'EV 차징 허브'와 비슷한 콘셉트로 태양광과 연료전지 등과 같은 분산 전원을 설치해 친환경 전기를 생산하고, 전기차 충전까지 가능한 주유소 기반 거점 모델이다.

SK에너지의 에너지 슈퍼스테이션

HD현대오일뱅크 또한 2023년 11월, 전기차 충전 사업 시행을 발표하고 수도권을 중심으로 주유소와 전기차 충전소를 결합한 형태의 충전 거점 40개소를 구축하기로 했다. 200kW급 초고속 충전기를 도입해 타사 대비 빠른 충전을 제공할 계획이며, 현재는 전기차 충전 사업 브랜드 EV&U를 통해 최신 충전소 정보부터 차량 정보 관리 서비스 등을 제공하여 시장 확대를 준비하고 있다.

서두에도 언급했지만, 전기차 충전 사업에서 가장 유리한 위치에 있는 건 에너지 업체이다. 주유소를 운영하면서 쌓은 노하우와 경험은 곧 에너지 거점을 운영하기 위한 핵심 역량이 되고, 기존에 확보한 주유소 부지는 향후 전기차 충전소로 전환하는 데 있어 최고의 자산이 될 것이다. 그러나 기존 주유소를 전기차 충전소나 에너지 거점으로 전환하려면 적지 않은 투자가 필요하고, 전기차 충전 시설과 주유소의 탱크를 분리해야 하는 소방법 관련 이슈 등 현실적 문제가 존재한다. 무엇보다 현재의 전기차 비중에서 충전소로 수익 구조를 만드는 것은 불가능에 가깝다.

따라서 에너지 업체들은 전기차 시장 상황과 자동차 제조사들의 전동화 전략에 집중하면서, 기존 주유소를 전기차 충전소로 전환하기 위한 중장기 거점 전략을 수립해야 한다. 지역별 전기차 운행 대수와 수요 그리고 지역별 주유소 수와 수익성 등을 세부적으로 분석하여 전기차 충전소 전환을 위한 단계별 로드맵을 수립하고, 이를 위한 과제들을 우선순위에 따라 정의해야 한다. 물론 에너지 업체 단독으로 전기차 충전소를 운영할 수도 있지만, 자동차 제조사들과 협업하여 새로운 거점 모델을 만드는 것도 가능하다. 무엇보다 중요한 건 충전 사업에 대한 주도권을 확보하는 것이다.

에너지 업체들이 다음으로 고민해야 할 사항은 충전 사업 참여에 관한 선택과 집중이다. 그룹사 관점으로 봤을 때, 충전 사업 참여 업체들을 보면 과연 전략적인 판단에 따라 진출한 것인지 의구심이 들 때가 있다. 예를 들어, SK그룹 내 충전 사업에 참여하는 업체는 SK에너지, SK일렉링크, SK시그넷 3개사에 이르며, 여기에 SK이노베이션 E&S가 인수한 미국 전기차 충전업체인 에버차지와 같은 해외 투자까지 합하면 동종 산업에 참여하는 기업 수는 더 늘어난다. 단기간에 수익성을 실현하기 어려운 충전 사업에 이런 식으로 그룹 계열사가 동시다발적으로 참여하면 투자 대비 저조한 성과만 만들어낼 뿐이다. 그러므로 충전 사업에 참여하는 그룹사는 충전 사업에 관한 방향성을 명확히 하고, 핵심 역량, 인프라, 자원을 보유한 그룹사 내 에너지 업체를 중심으로 사업을 통합해야 한다. 역량과 자원을 집중해야만 전기차 시대의 충전 사업 부문에서 확고한 경쟁력을 갖출 수 있을 것이다.

전기차 시장이 성장함에 따라 충전 사업의 규모도 커질 거라는 것은 분명한 사실이다. 지금은 CPO 업체를 중심으로 충전 인프라가 조성되어 있지만, 이들만으로 거대해지는 전기차 충전 시장을 대응할 수는 없다. 본격적인 전기차 시대가 오면 자동차 제조사와 에너지 업체들이 독자적인 사업 전략에 따라 충전 사업 분야로 빠르게 진출할 것이며, 이들이 보유한 역량과 자본, 인프라를 통해 충전 사업에서의 경쟁력을 확보해나갈 것이다. 여기에 LG전자 등 대기업의 충전 사업 참여도 본격화되고 있다.

그러므로 충전 사업의 밝은 전망만 생각하고 무차별적으로 진입하기보다 명확한 방향성에 기반한 전략과 업무 체계를 수립해 진입해야 한다. 이를 통해 험난하지만 결국 장밋빛일 충전 사업에서의 과실을 얻을 수 있을 것이다.

전기차 충전 인프라,
어떻게 진화할 것인가?

    본격적인 전기차 시대는 어떤 모습일까? 길에 다니는 자동차 대부분이 전기차이고, 지금 주유소가 있는 위치에는 전기차 충전소가 들어서 있을 것이다. 그리고 사람들에게 전기차 충전은 불편한 일이 아닌 평범한 일상이 되어 있을 것이다. 지금 우리가 주유소에 방문하는 걸 불편해하지 않듯이, 전기차 충전도 그렇게 변해야 한다.

    완벽한 전기차 충전 인프라를 구축하려면 단연 충전소의 수와 충전 속도가 중요하다. 충전소 수와 관련해서는 향후 충전 사업을 선도하게 될 업체들 중심으로 충전 인프라가 조성될 것이며, 최적의 위치에 충전소를 구축하고 운영 정교화를 통한 수익 실현이 사업의 핵심이라 할 수 있다. 그리고 충전 속도 단축은 자동차 제조사와 전기차 배터리 제조사가 공동으로 해결해야 할 과제이다. 배터리 업체의 기술력과 자동차 제조사의 지원 및 협업으로 사람들에게 이상적인 충전 시간을 제공해야 할 것이다. 이상적인 충전 시간에 대한 정량적인 목표는 없지만, 사람들은 주유 시간과 유사한 수준까지 요구하게 될 것이다. 그러므로 충전 속도와 관련해 가장 중요한 것은 배터리 기술 혁신과 초고속 충전기 개발이며, 이를 달성한 업체는 시장에서 확고한 경쟁 우위를 갖추게 될 것이다.

다만, 충전소 확보와 충전 속도 단축 관련해서는 자세히 기술하지 않으려고 한다. 한 개인이 낼 수 있는 의견이 아니라, 해당 기업의 사업과 개발 조직만이 정리할 수 있는 부분이기 때문이다. 그러므로 이 장에서는 전기차 충전소가 구축되고 사람들이 만족할 수준으로 충전 속도가 개선되었다는 전제하에 충전 인프라가 어떻게 진화할 것인지에 관해 기술하고자 한다. 바로 전기차 충전에 대한 고객 경험 혁신이다.

⚡ 온라인 경험: 전기차 충전 슈퍼 앱 ⚡

지금도 많은 전기차 충전 관련 앱이 존재한다. 이 앱들의 주요 기능은 전기차 충전소 검색이다. 그런데 전기차 충전소가 주유소만큼 많아졌을 때도 이러한 앱이 필요할까? 지금 우리가 주유소 검색 앱을 굳이 쓰지 않는 것처럼, 이런 앱들도 사라지게 될 것이다.

여기서 말하는 슈퍼 앱이란 단순한 충전소 검색용이 아닌, 전기차 충전에 관련된 모든 것을 해결해 주는 '토털 솔루션 플랫폼(Total Solution Platform)'이다. 이 슈퍼 앱은 자동차 차대번호처럼 전기차 고객의 고유 식별번호인 One ID가 생성되어 전기차와 충전소를 연결하는 플랫폼 역할을 담당한다. 이를 통해 고객들은 충전기 타입, 충전 속도, 충전 요금 등의 충전소 세부 정보를 확인할 수 있으며, 충전 서비스 예약, 충전 요금 결제까지 간편하게 확인하고 처리할 수 있다. 슈퍼 앱의 기능을 간단하게 정리하면 다음과 같다.

One ID 부여	전기차 보유 고객별 고유 ID 생성	전기차와 충전소 간 연결 기준
충전소 검색	충전소 정보 제공	충전기 타입, 충전 속도, 충전 요금, 실시간 이용 및 예약 현황에 대한 정보 제공
충전소 예약	충전소 예약 및 결제	충전 시간 및 충전량 설정 가능
충전 정보 제공	실시간 충전 현황 및 요금 확인	충전 연장 및 충전 중단 가능

충전 사업자라면 이러한 슈퍼 앱을 만들되, 사람들이 가장 많이 사용하고 선호하는 앱으로 만들어야 한다. 서비스 앱을 만들어 본 사람이라면 이것이 얼마나 어려운 일인지 이해할 수 있을 것이다. 사람들은 왜 우버나 카카오T를 가장 많이 사용할까? 우리나라 사람들은 왜 여전히 카카오톡으로 대화할까? 왜 항공편을 예약할 때 스카이스캐너를 이용할까? 이들 앱이 다른 앱보다 특별하거나 혜택이 좋아서 쓰는 건 아니다. 사람들에게 가장 익숙하고 편안해서 쓰는 것이다. 이 익숙함과 편안함은 그 어떤 것보다 강력한 브랜드 로열티를 만들어 준다.

전기차 충전 슈퍼 앱을 만드는 것은 전기차 충전 관련 최상의 온

라인 경험을 제공하기 위한 필수 요소이자, 전기차 충전 생태계를 선도할 도구가 된다. 그리고 지금처럼 시장 내에 확고한 슈퍼 앱이 없는 상황은 충전 사업자뿐 아니라 플랫폼 기업 등 모든 기업에 기회가 열려 있다는 뜻이다. 충전 인프라를 운영하지 않아도 슈퍼 앱을 통해 많은 전기차 고객을 확보하고 충전 사업체를 관리할 수 있다면 그 자체로 시장 내에서 막강한 영향력을 보유할 수 있다. 충전 사업자로서는 가장 피해야 할 상황이고, 플랫폼 기업으로서는 최상의 사업 기회다.

슈퍼 앱 사업 진출 시 가장 중요한 건 한 번 만들 때 잘 만들어 사람들에게 선택받는 것이다. 가장 효율적이고 편리한 사용 경험을 제공해야 사람들의 마음을 사로잡을 수 있다. 그렇지 못한 앱은, 앱 특성상 시장에서 빠르게 도태되고 만회하는 게 불가능하다. 사람들의 선택을 받는 전기차 충전 슈퍼 앱을 어떻게 만들어야 할지, 전기차 사업에 참여하는 기업들이라면 반드시 고민하고 준비해야 할 일이다.

⚡ 오프라인 경험: 충전소 ⚡

5년 후, 10년 후의 전기차 충전소는 어떤 모습일까? 현재 많은 에너지 업체가 다양한 충전 거점 모델을 선보이고 있지만, 미래 전기차 시대의 충전소는 이와도 다른 모습일 가능성이 크다. 그러므로 전기차 충전소를 구축하는 업체라면 충전소가 사람들에게 줄 수 있는 가치는 무엇인지, 어떤 경험을 선사할 수 있을지, 그리고 이를 어떻게 효과적으로 제공할 수 있을지를 고민해야 한다. 전기차 충전소의 가치 제안을 간단히 정리하면 다음과 같다.

빠른 충전 속도	초고속 충전기와 플러그 앤 차지 방식 도입	충전 대기 시간 최소화
충전기 품질 안정성	충전기 품질 관리 체계 구축	충전기 사용 관련 부정적 경험 zero화
충전+차량 점검	충전 중 배터리 및 차량 상태 점검	차량 관리 편의성 향상

우선 전기차 충전소가 제공해야 할 절대적인 가치는 '빠른 충전 속도'이다. 지금보다 더 빠르게 충전할 수 있는 초고속 충전기를 설치하여 사람들의 대기 시간을 최소화해야 한다. 현재 주유소 부지를 충전소로 전환한다면 약 6~10대의 충전기를 설치할 수 있을 것이다. 물론 주유 대비 전기차 충전 시간이 더 오래 걸리므로 사람들의 충전 대기 시간과 수익성을 고려한 충전기 대수를 산정해야 한다.

기본적으로 모든 전기차 충전은 '플러그 앤 차지(Plug and Charge)' 방식이 도입되어, 사람들의 충전 편의성을 극대화할 것이다. 플러그 앤 차지 방식은 전기차에 충전 플러그를 연결하면 바로 사용자 인증과 결제가 자동으로 진행되는 방식으로, 테슬라의 슈퍼차저와 현대자동차의 이피트가 서비스 가입 고객 대상으로 제공하고 있는 기능이다. 미래에는 앞서 기술한 슈퍼 앱을 통해 플러그 앤 차지 방식이 모든 충전기에 도입되어, 전기차 고객이라면 누구나 이용할 수 있게 될 것이다.

여기에 무선 충전 등 새로운 기술이 개발되어 적용될 수도 있을 것이다. 그러나 그 무엇보다 중요한 가치는 '빠른 충전 속도'다. 무선 이든 유선이든 또는 그 어떤 새로운 형태이든, 사람들에게 빠른 충전 속도를 제공할 수 있는 충전 방식이 최종적으로 도입될 것이다.

두 번째는 충전기 품질 관리를 통한 '안정적인 충전 경험' 제공이다. 즉, 고객들이 충전기 문제로 인해 충전하지 못하는 상황을 예방해야 한다.

전기차 충전소는 무인 또는 최소한의 인력으로 운영하게 될 가능성이 크다. 그러므로 충전 업체는 명확한 충전기 관리 체계를 구축하여 충전기 문제로 인한 고객의 부정적 경험을 줄이고, 충전소 사업 수익을 극대화해야 한다. 이를 위해 충전기 품질 관리 수준은 지금보다 고도화되어야 한다. 충전기 상태는 늘 최상으로 관리되어야 하고, 실시간으로 충전기 상태를 진단하여 문제가 발생하면 즉시 거점 운영자와 충전기 제조사에 전달되어 대응하게끔 만들어야 한다. 물론, 원격으로 조치할 수 있는 사항은 OTA(Over the Air, 원격으로 차량 내 소프트웨어를 업데이트하는 기술)로 처리해야 하고, 직접 수리가 필요한 항목은 별도의 관리 기준과 프로세스를 수립해야 한다. 예를 들어, 데이터로 확인할 수 없는 문제가 발생했을 경우 최소 시간 단위로 충전기 사용 이력을 집계하는 방식으로 오류인지 불량인지를 판별하고 점검할 수 있는 수준은 되어야 한다. 단, 이런 충전기 관리를 위해서는 비용이 발생하기에, 충전소 수익성 관점에서 효율화된 관리 체계를 구축해야 한다.

세 번째는 '차별화된 고객 서비스 제공'이다. 사실 고객들에게 어떤 서비스를 제공할지는 새로운 거점을 설계할 때마다 고민하는 부분이다. 충전소의 크기나 위치에 따라 다양한 컴포넌트를 추가하거나, 새로운 거점 모델을 만들 수도 있다. 대형 충전소라면 카페나 편의점, 물을 사용하지 않는 워터리스 세차장을 설치하는 것도 가능하다. 그러나 가장 중요한 건, 충전소는 전기차를 빠르고 안정적으로 충전하는 곳이라는 본연의 기능을 잃지 않는 것이다. 여러 수익성을 고려하고, 부가 가치를 얻기 위해 노력해야 하지만, 본연의 기능을 훼손해서는 안 될 것이다.

개인적으로는 충전소의 새로운 기능으로 '전기차 배터리 점검'을 제안하고 싶다. 지금처럼 대형 주유소와 정비소가 함께하는 형태가 아니라, 차량에 충전기 플러그를 연결하면 충전과 기본 배터리 상태가 진단되는 형태다. 충전기에 차량용 진단 기능을 탑재한 형태로 볼 수 있는데, 현재의 진단기처럼 차량의 세부적인 데이터까지 진단하고 점검할 수는 없겠지만, 전기차 필수 점검 항목 중심으로 표준을 수립하여 관리하면 될 것이다. 자동차 제조사와 배터리 제조사 그리고 충전기 제조사가 협업한다면 어렵지 않은 과제일 것이다. 충전할 때마다 차량의 상태를 점검받을 수 있다면 배터리 품질과 안정성에 대한 불안감을 해소하고 전기차에 대한 신뢰를 줄 수 있으리라 본다.

현시점에 어떤 충전소 형태가 정답인지를 답할 수 있는 건 사실상 불가능하다. 앞으로도 다양한 유형의 전기차 충전소가 나타나게될 것이며, 충전 사업체 주도로 끊임없이 새로운 거점이 나타나면서충전소는 진화할 것이다. 여기서 잊지 말아야 할 것은 충전소가 고객들에게 제공해야 할 핵심 가치와 충전소 운영을 통한 수익성 확보다.빠르고 편안한 충전 경험을 고객들에게 제공하는 동시에, 충전 사업을 통해 수익을 창출해야 한다는 점을 기억하자.

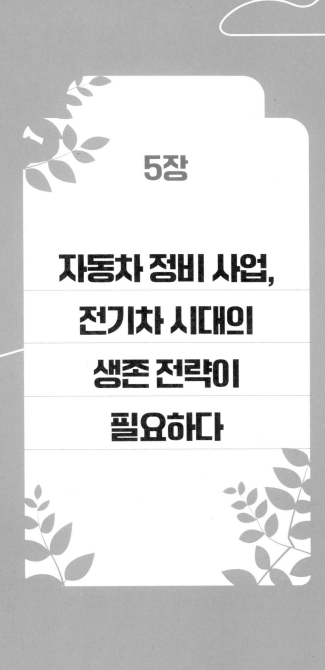

5장

자동차 정비 사업, 전기차 시대의 생존 전략이 필요하다

자동차 산업의 핵심축,
자동차 정비 부문

　자동차 산업은 크게 자동차 제조사, 부품 협력사, 판매 및 정비 사업자로 구성된다. 앞서 언급했듯이, 전기차 시대가 왔을 때 자동차 산업을 주도하는 건 자동차 제조사가 될 것이다. 그리고 기존 부품 협력사는 내연기관 부품에서 전동화 부품 중심으로 업을 전환하고, 배터리 제조사는 자동차 산업의 핵심 부품사로 성장하게 될 것이다. 가장 큰 변화를 맞이하는 건 판매 및 정비 사업자다. 자동차 제조사나 부품 협력사보다 변화의 폭이 클 것이다.

　여기서 판매 및 정비 사업자는 보통 자동차 딜러십을 지칭하는데, 해외의 경우 자동차 딜러십이 개인사업자인 데에 반해, 국내는 독특하게도 자동차 제조사가 직접 판매와 정비 거점을 운영하는 경우가 대다수다. 현대자동차를 예로 들면, 판매지점은 현대자동차가 직접 운영하는 직영 거점이고, 판매대리점은 현대자동차로부터 판매권을 위탁받아 운영하는 개인사업자 거점이다. 자동차 정비도 마찬가지다. 현대 하이테크센터는 현대자동차가 직접 운영하는 직영 정비 거점이고, 블루핸즈는 개인사업자가 운영하는 정비 거점이다.

이렇게 자동차 제조사가 직영으로 판매 및 서비스 거점과 인력을 운영하는 것은 관리의 측면에서는 용이할 수 있으나, 투입하는 자원이나 재무적 관점에서는 부담이 될 수 있다. 테슬라도 직영으로 판매 및 서비스 거점을 운영하고 있지만, 이는 테슬라가 온라인 판매 중심이고, 전기차 특성상 많은 서비스 거점이 필요치 않기에 가능하다. 물론 국내 판매 인력과 정비 인력의 평균 연령을 고려하면 장기적으로 국내 역시 해외와 유사한 형태로 전환될 가능성이 높다.

또 하나의 차이점은 해외는 판매와 정비가 통합된 3S(Sales, Service, Spare or Service parts) 거점이 메인이지만, 국내는 판매와 정비가 분리되어 판매는 1S(Sales), 정비는 2S(Service, Spare or Service parts) 거점 형태로 운영된다는 점이다. 해외에도 국내 카센터처럼 정비만 있는 2S 거점들이 있지만, 자동차 제조사와 계약 관계에 있는 딜러십들은 주로 3S 거점 형태이다. 그래서 현대자동차, 기아, KG모빌리티와 같은 국내 브랜드의 경우 판매와 정비 거점을 분리해 운영하고, 해외 브랜드의 경우 딜러십 체계지만 판매와 정비를 통합한 거점과 분리한 거점을 모두 보유하고 있다.

구분	해외	국내
채널 모델	판매·정비 통합형 또는 정비 단독형	판매·정비 분리형
거점 형태	3S / 2S	1S / 2S
직영 거점	미보유(테슬라 제외)	보유(판매/정비)

자동차 산업에서 정비 사업의 중요성은 매우 크다.

먼저 글로벌 관점에서 보면, 고객의 최접점에서 자동차 판매와 정비를 책임지는 딜러십의 경쟁력이 곧 자동차 제조사의 경쟁력이 된다. 자동차 제조사 본사에서 훌륭한 전략과 프로젝트를 기획한다고 해도, 딜러십에서 제대로 수행하지 못하면 사업적 효과는 떨어질 수밖에 없다. 즉, 뛰어난 역량과 인프라를 갖춘 딜러십이 존재하면 그 자동차 제조사는 시장 내에서 강력한 경쟁 우위를 차지할 수 있을 뿐 아니라, 설사 경쟁사 대비 차량 상품성이 부족해도 딜러십의 역량으로 극복할 수 있다. 실제로 좋은 차량을 만들고도 딜러십 역량 부족으로 실패하는 경우도 있다. 그래서 자동차 제조사들은 딜러십 개발과 육성에 투자하고, 뛰어난 딜러십과 좋은 관계를 유지하기 위해 노력한다.

그리고 정비 부문은 이런 딜러십의 수익 원천이다. 차량 판매도 딜러십의 주요 수익이지만, 정비 부문도 수익의 40~50%를 차지한다. 정비 부문의 중요성에 대해 간단히 설명하면 다음과 같다.

수익 지속성	차량 정비는 일회성이 아닌 정기적인 서비스로 지속적인 수익 창출 가능 – 정비 공임 및 부품 판매는 마진율이 높으며, 즉각적인 수익 실현 항목
수익 다각화	수익 창출을 위한 정비 영역 확대 용이 – 차량 정기점검, 사고수리, 제조사 보증수리, 액세서리 판매 등
고객 리텐션	정기적인 서비스를 통해 고객 관계 유지 및 고객 리텐션 향상 – 고객 리텐션을 통한 지속적인 수익 확보 및 차량 재구매 기회 창출

사실 차량 판매가 감소하거나 신차 출시가 늦어져서 판매 부문의 수익성이 감소해도, 정비는 판매된 차량을 관리하는 것이기 때문에 단기적으로 수익성이 떨어지지 않는다. 오히려 차량 판매가 저조하여 수익성이 떨어졌을 때, 딜러십은 정비 수익을 통해 버틸 수 있기도 하다. 즉, 정비 사업이 약해진다는 것은 딜러십의 경쟁력이 떨어지는 걸 의미한다. 수익성이 저조한 딜러십은 고객 관리, 직원 역량, 거점 경쟁력 등 모든 면에서 도태될 수밖에 없다. 돈을 벌지 못하는 딜러십은 직원 육성이나 거점 관리에 투자할 수 없을 것이고, 이는 다시 고객 관리(재구매 유도, 서비스 리텐션 향상 등) 역량이 떨어지는 결과를 초래한다. 결국 악순환의 반복이다.

이번에는 국내 상황을 살펴보자. 국내 자동차 제조사들은 앞서 이야기했듯이, 직영으로 판매와 정비 거점을 운영하기도 하고 개인사업자들에게 판매와 정비 사업을 위탁하여 전국을 커버하기도 한다. 그래서 현대자동차와 기아와 같은 자동차 제조사들은 고객과의 최접점에 있는 판매와 정비 거점의 경쟁력을 강화하기 위해 많은 투자와 노력을 기울이고 있다. 브랜드 철학이 반영된 판매 및 정비 거점을 구축하고 고객 경험 혁신을 위한 마케팅 활동과 신규 서비스 개발, 고객 접점 및 정비 인력 육성 등을 통해 과거와는 비교할 수 없을 정도의 변화와 혁신을 만들었다.

물론, 자동차 제조사의 관점에서 정비는 수익 원천이 아니다. 직영으로 운영하는 대규모 거점과 정비 인력으로 실수익을 창출하는 건 불가능에 가까우며, 개인사업자인 정비 거점에 보증수리(Warranty repair) 비용을 지급해야 하기도 한다. 그러므로 자동차 제조사 입장에서 정비 부문의 역할은 수익 창출 부문이라고 보기보다는 차량 판매 이후의 고객 케어와 차량 관리 서비스라 할 수 있다. 차량 문제가 발생한 고객들에게 정비 거점 예약부터 방문, 수리 그리고 수리 후 관리까지 각 단계에서 최상의 고객 경험을 제공하기 위한 프로세스를 구축해 고객 불만을 최소화하고 자사 브랜드에 대한 긍정적 이미지를 제고해 차량 재구매까지 이어지게 하는 것이다. 이것이 국내에서 정비, 즉 서비스 거점의 핵심 역할이라고 할 수 있다.

이렇게 정비 부문에 대한 중요성을 짚어보았다. 정리하자면, 정비 거점은 모든 기업의 궁극적인 지향점인 브랜드 로열티와 고객 리텐션을 확보하는 역할을 한다. 또한 차량 문제를 최초로 확인해 품질 문제를 조기에 인지하고 개선 방안을 수립하게 하는 필드 품질 관리의 최전선이기도 하다.

이런 역할과 기능으로 정비 부문은 자동차 제조사의 필수 영역,

자동차 산업의 핵심축 중 하나라고 볼 수 있다.

본격적인 전기차 시대가 오면 판매 및 정비 사업 영역은 어떤 변화를 맞이하게 될까? 사실 판매 사업 관점에서는 내연기관 차량에서 전기차로 판매 차량이 전환되는 것일 뿐 큰 차이는 없다. 상품 전문성, 디지털 쇼룸, 온라인 판매 등의 변화는 있겠지만, 전기차로 인한 혁신이 아닌 고객 경험이나 판매 채널 관점에서의 혁신이다. 그러나 정비 사업은 다르다. 내연기관 차량에서 전기차로 전환되는 과정에서 정비 부문은 커다란 변화와 위기를 맞이하게 될 것이다.

전기차 시대,
자동차 정비 사업의 대위기

전기차 배터리 사업과 충전 사업은 전기차 시장 규모가 커질수록 떠오르는 성장 사업이지만, 자동차 정비는 어두운 전망이 예견되는 사업이다. 전기차 시대가 도래하면 기존 내연기관 차량 중심의 정비 사업은 수익성 저하와 기술 역량 부족이라는, 업의 본질 자체가 흔들리는 위기를 맞이하게 될 것이다. 그리고 이는 자동차 제조사뿐만 아니라 정비업에 종사하는 개인사업자들에게도 해당하는 사항이다. 그렇다면 자동차 정비 사업은 구체적으로 어떤 위기를 맞이하게 될까? 이번 장에서 그에 관해 기술해보고자 한다.

⚡ 수익성 저하 ⚡

정비 사업의 주요 수익원은 차량 소모품 교체, 고장 수리, 사고 수리, 액세서리 판매이다. 그리고 자동차 제조사와 계약된 해외 딜러십과 현대자동차의 블루핸즈, 기아의 오토큐와 같은 정비업체의 경우에는 보증수리 역시 큰 수익원이다.

사실 보증수리는 자동차 품질의 비약적인 개선과 첨단 운전자 보조 시스템(ADAS, Advanced Driver Assistance System)의 확대로 인해 사고율이 감소하면서 과거와 비교해 수요가 감소하는 추세이다. 그러나 자동차 대수가 지속해서 증가하고 있어 정비 시장 전망은 긍정적이었다. 국토교통부가 발표한 2024년 상반기 국내 자동차 누적등록대수는 2,613만 대로, 이는 2023년 대비 약 18만 대가 증가한 수치다. 경유 차량은 감소했지만, 휘발유 차량, 전기차, 하이브리드 자동차는 증가했다. 자동차 운행 대수가 증가한다는 뜻은, 엔진오일과 같은 정기적인 소모품 교체, 점검, 수리가 증가하는 뜻이므로 정비 사업자에게는 긍정적인 상황이라고 할 수 있다.

구분	2023년	2024년 상반기	증감	증감률
휘발유	12,314,186	12,390,425	76,239	0.6%
경유	9,500,164	9,299,523	−200,614	−2.1%
LPG	1,832,535	1,849,259	16,724	0.9%
하이브리드	1,542,132	1,770,943	228,811	14.8%
전기	543,900	606,610	62,710	11.5%
수소	34,258	35,987	1,729	5.0%
종합 (기타 연료 포함)	25,949,201	26,134,475	185,274	0.7%

출처: 국토교통부

문제는 전기차의 비중이 점점 높아진다는 것이다. 2018년 5만 대에 불과했던 전기차가 2024년 상반기 기준 60만 대를 돌파했다. 약 980%나 급증한 수치로, 휘발유 차량이 17% 증가한 점에 비하면 엄청난 성장세라 할 수 있다. 정비 사업 관점에서 보면, 내연기관 차량보다 구조가 단순하고 부품 수가 적은 전기차의 증가는 그만큼 정비 수요가 감소한다는 것을 의미한다. 가장 큰 문제는 정기적으로 교체해야 하는 소모품이 급감한다는 것이다.

다음 표는 일반적인 자동차 교체 소모품을 정리한 표다. 와이퍼 블레이드, 워셔액, 스파크 플러그, 타이어 등 세부적인 소모품 항목까지 포함하면 개수는 더욱 많아질 것으로 보인다.

구분	엔진오일	오일필터	에어필터	에어컨 필터	브레이크 패드
내연기관 차량	●	●	●	●	●
전기차	×	×	×	●	▲

이 중 엔진오일 세트라고 불리는 엔진오일, 오일필터, 에어필터는 에어컨 필터와 함께 가장 자주 교체하는 자동차 소모품이다. 엔진오일 세트는 1년 또는 1만~1만 5,000km 주행 시 교체하고, 에어컨 필터는 6개월에서 1년 또는 1만 2,000km 주행 시 교체하는 게 일반적이다.

그러나 전기차는 에어컨 필터를 제외하면 교체 소모품이 없다고 봐도 무방하다. 전기차의 제동 시스템은 제동 시 운동 에너지를 전기

에너지로 바꾸는 회생 제동이라 감속할 때 급제동하는 게 아니라면 브레이크 패드 역시 반영구적으로 사용할 수 있다고 알려져 있다.

이러한 사실은 운전자들에게는 희소식이지만, 정비 사업자에게는 참담한 소식이다. 특히 매년 혹은 그보다 자주 정기적으로 교환하는 소모품인 엔진오일 세트를 교환하지 않는 게 큰 타격이다. 국내 기준, 매년 2,600만 대가 넘는 차량이 엔진오일 세트를 교환했으니 전기차 비중이 높아질수록 자동차 정비 사업의 주요 수익원은 감소하는 셈이다.

일부 분석기관에 따르면, 전기차 비중이 높아짐에 따라 정비 사업 부문의 수익이 약 35% 감소한다고 하는데, 개인적으로 35%의 수익 감소는 최솟값이고 최대 40~50%까지 수익이 감소할 것으로 생각한다. 소모품 교체 항목 감소 외에 엔진과 변속기에 들어가는 부품들의 정비 수요 역시 사라질 것이기 때문이다.

추가로 OTA 기술 개발과 상용화로 인해, 원격으로 차량 소프트웨어 업데이트가 가능해지면서 정비 거점을 방문하는 횟수는 더욱 줄어들 것으로 보인다.

전기차 증가로 인한 정비 수익 감소는 자동차 산업에 큰 타격을 줄 것이다. 그 흐름을 살펴보자면, 우선 해외 자동차 딜러십과 국내 정비 사업자는 사업 수익의 감소로 현금 흐름에 문제가 생길 것이고, 결국 사업의 지속성 역시 장담할 수 없게 될 것이다. 자동차 제조사 관점에서도 정비 수익 감소는 고객 최접점인 딜러십과 정비 거점의 역량 저하로 이어져 결과적으로 판매 및 서비스에 대한 브랜드 경쟁력을 잃게 될 것이다.

그러므로 정비 사업자는 전기차 증가로 인한 수익 감소를 방어할 최선의 솔루션을 찾고, 어떻게 사업을 운영할 것인지를 고민하고 준비해야 하며, 자동차 제조사는 딜러십과 정비 거점의 수익을 보존할 방법을 찾아 고객 최접점의 채널 경쟁력이 약화되는 걸 막아야 한다.

그렇다면 정비 수익 감소에 대한 해결책은 무엇일까? 사실 마땅한 답이 없는 게 현실이다. 이는 전기차 시대가 도래함에 따라 감수해야 할 사항이며, 차량 유지비 절감 측면에서 전기차 고객에게 주어지는 혜택이기도 하다.

결국, 자동차 제조사가 나서야 한다. 전기차 관리 관점에서 고객이 기꺼이 돈을 지불할 정도(Willing to Pay)의 가치가 있는 서비스 상품을 개발해야 한다. 예를 들어, 차량 품질 관리를 위해 필수로 점검해야 할 항목을 선정하고, 에어컨 필터, 와이퍼 블레이드, 타이어 등 일부 소모품 교환 혜택을 포함한 서비스 상품을 만들어 합리적인 가격대로 고객에게 판매하는 것이다. 이를 통해 고객은 차량 품질 관리 측면에서 관련 혜택을 얻을 수 있고, 정비 거점은 정기적인 점검 서비스를 통해 지속적인 수익을 창출하고 고객 리텐션을 높일 수 있다. 결과적으로 자동차 제조사는 정비 수익성 향상을 통한 정비 네트워크 유지와 채널 경쟁력 제고를 달성할 수 있을 것이다.

물론 사람들이 기꺼이 비용을 지불할 정도로 가치 있는 정비 서비스를 만드는 건 쉽지 않다. 그간 여러 자동차 제조사가 수익성 개선과 고객 리텐션 향상을 위해 다양한 정비 서비스 상품을 만들었으나 뚜렷한 성과를 내지 못했다. 하지만 미래 전기차 시대에 전기차 전용 서비스 상품을 만드는 것은 선택이 아닌 필수이다. 고객에게는 충분한 가치를, 정비 사업자들에게는 수익성을 제공하는 전기차 정비 상품을 개발하기 위해 자동차 제조사의 전문성과 역량을 집중해야 하는 순간이다.

⚡ 정비 기술 역량 부족 ⚡

수익성 문제만큼 심각한 문제는 전기차 정비 기술 역량의 부족이다. 정비 사업의 근본이라 할 수 있는 기술력에 관한 이슈이므로 업의 본질을 흔드는 심각한 문제라 할 수 있겠다.

내연기관 차량 정비 기술은 140년 가까이 되는 자동차 산업의 역사만큼이나 오래되었다. 그만큼 경험과 노하우가 쌓인 부문이기에 전반적으로 정비 기술력은 높은 편이다. 자동자 제조사는 체계적인 교육과 육성을 통해 우수한 정비사들을 보유하고 있다. 일반 카센터와 같은 정비소 역시 일정 수준 이상의 기술력을 보유하고 있고, 장인 정신을 갖춘 뛰어난 정비사도 많다.

하지만 전기차 부품 수리 분야는 어떠한가? 전기차 고전압 배터리를 진단하고 수리할 수 있는 정비사는 많지 않으며, 기존 내연기관 차량의 엔진과 변속기 수리에 능숙했던 정비사들도 모든 걸 새로 배우고 학습해야 하는 상황이다. 전기차 정비 또한 이론과 경험을 바탕으로 장기간 시간을 투자해야 체득할 수 있기에 과정도 쉽지 않다.

그나마 체계적인 교육 시스템을 갖춘 자동차 제조사의 딜러십과 정비 거점은 훨씬 나은 상황이다. 모든 정비사를 전기차 전문가로 육성하는 건 어렵겠지만, 전기차 전용 부품을 완벽하게 수리할 수 있는 전기차 전담 정비사를 각 정비 거점에 배치하는 건 충분히 가능하다. 문제는 자동차 제조사에 속해 있지 않은 일반 정비 거점들이다.

국토교통부에 따르면 2023년 상반기 기준, 국내 자동차 정비 거점은 약 4만 5,400개소로 이 중 전기차 정비가 가능한 곳은 고작 1,500개소에 불과했다. 이는 전체 정비 거점의 약 3.3%로, 이마저도 자동차 제조사의 직영 거점(현대자동차의 하이테크센터 등)이나 협력 관계에 있는 정비 거점(현대자동차의 블루핸즈 등)으로 확인됐다. 전기차로 인해 정비 거점들의 수익이 저하되는 상황에 전기차를 수리할 수 있는 거점도 부족한 상황인 것이다.

자동차 제조사와 계약 관계가 없는 일반 정비 거점의 문제는 더욱 심각하다. 이들은 자동차 제조사의 딜러십과 정비 거점에 비해 체계적인 전기차 정비 교육을 받을 수 없고, 전기차 전용 부품을 정비할 기회도 부족하다. 전기차는 보증 기간이 길어 문제가 발생하면 자동차 딜러십이나 직영 정비 거점에서 정비 서비스를 받는 게 일반적이기 때문이다. 즉, 일반 정비 거점의 정비사들은 이론적으로 학습할 기회도, 직접 전기차를 수리해 볼 경험도 적어 전기차 정비 역량을 갖추기가 거의 불가능하다.

2022년, 한국자동차연구원은 카포스에 등록된 자동차 정비업체 886개사와 17개 시도별 전기차 등록 대수를 바탕으로 표본을 추출한 뒤, 그 결과를 바탕으로 〈자동차산업 인력현황 조사·분석〉 보고서를 발행했다. 전기차로 인한 정비 사업 문제를 어느 정도 체감한 업체를 대상으로 조사했다고 볼 수 있으며, 여기에 속한 업체들은 자동차 제조사의 딜러십이나 정비 거점이 아닌 개인사업자가 운영하는 일반 정비 거점이라고 보면 된다. 예상한 것처럼 조사 결과는 심각했다. 우선 미래 자동차 관련 사업 전환 준비 여부에 대해 70.3%가 '준비하고 있지 않음'으로 응답했고, 준비하고 있는 업체는 겨우 29.7%에 불과했다. 전기차 비중이 높아질수록 정기적인 소모품 교체와 정비 수요가 감소할 거라는 건 인지하고 있지만, 이를 준비하고 있는 업체는 소수에 불과한 것이다. 다음 표는 미래 자동차 정비 관련 사업 전환이 어려운 이유에 대한 조사 결과다.

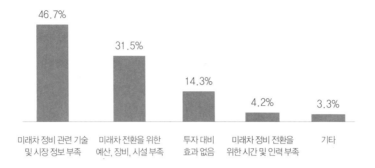

46.7%

31.5%

14.3%

4.2%

3.3%

미래차 정비 관련 기술
및 시장 정보 부족

미래차 전환을 위한
예산, 장비, 시설 부족

투자 대비
효과 없음

미래차 정비 전환을
위한 시간 및 인력 부족

기타

　　'미래차 정비 관련 기술 및 시장 정보 부족'이 46.7%로 가장 높은 순위를 차지했고, 이어 '미래차 전환을 위한 예산, 장비, 시설 부족', '투자 대비 효과 없음' 등으로 조사되었다. 가장 많이 응답한 '미래차 정비 관련 기술 및 시장 정보 부족'은 정비 사업자가 자체적으로 해결할 수 없는 사항이다. 이런 현상이 지속되면 자동차 제조사 산하의 정비 거점과 소규모 정비 거점 간의 전기차 기술 역량 격차가 더욱 벌어짐은 물론, 투자와 지원이 없이는 소규모 정비 거점들의 존폐 자체가 불투명해질 수밖에 없다.

　　그렇다면 일반 정비 거점들은 어떻게 전기차 정비 기술력을 확보할 수 있을까? 사실상 이에 대한 해결책도 자동차 제조사에 달려 있다고 볼 수 있는데, 가장 효과적인 방법은 자동차 제조사가 자체적으로 구축한 전기차 정비 교육 시스템을 일반 정비 사업체에도 제공하는 것이다. 모든 정비 거점에 교육 시스템을 제공하는 건 현실적으로 불가하니 거점의 규모나 지역별로 교육 대상을 선정해 전기차 전담 인력 육성을 지원하는 것이다. 물론, 자동차 제조사도 자체 정비 인력을 육성하는 것이 시급해 여력이 되지 않으면 오프라인 교육 시 일반 정비 거점의 정비사에게 참석 기회를 주는 것도 대안일 것이다.

실제로 한국자동차연구원에서 조사한 미래 자동차 전환을 위해 정부의 지원이 가장 시급한 부분으로, '자동차 제작사의 전기차 정비 정보 공개 및 공유 시스템 구축 지원'이 가장 높은 순위를 차지했다. 자동차 제조사로서는 정비 정보를 제공하거나 공유 시스템 구축으로 인한 기술 유출을 우려할 수 있으나, 그만큼 일반 정비업체에는 자동차 제조사의 지원이 절실한 것으로 이해할 수 있다.

전기차 시장이 성장할수록 자동차 정비 부문의 수익성과 기술력에 문제가 생기는 건 자동차 산업 전반에도 좋은 신호가 아니다. 자동차 산업의 핵심축 중 하나인 정비 사업이 흔들리면 자동차 산업 자체에도 악영향을 미칠 수 있다.

전 세계적으로 자동차 운행 대수가 증가하고 있는 상황에서 자동차 제조사의 정비 거점만으로 모든 자동차와 고객을 대응하는 건 불가능하다. 전기차의 확산으로 일반 정비 거점들이 사라지게 되면 수리 대기 시간이 길어지고 고객들의 불만도 커질 것이다. 결국 자동차 정비 시스템은 커다란 혼란을 맞이하게 될 것이다. 그러므로 자동차 제조사는 장기적인 관점에서 자동차 산업이 더 발전하기 위한 방향으로 정비 사업을 이끌어야 한다. 전기차 정비 교육, 정보 공유 시스템 구축 등 정비 사업에 투자와 지원을 아끼지 않아야 한다. 물론 자동차 제조사가 모든 걸 해결할 수는 없다. 정비 사업체도 다가오는 전기차 시대를 위한 준비를 해야만 한다.

전기차 시대의
새로운 자동차 정비 사업 모델은 무엇인가?

자동차 산업이 내연기관 차량에서 전기차로 전환되면 새로운 정비 모델이 나타나게 될 것이다. 또한, 자동차 품질의 비약적인 발전, 첨단 운전자 보조 시스템의 혁신으로 과거와 비교해 정비 수요가 지속해서 감소하고 있다는 점 역시 새로운 정비 모델의 탄생을 앞당기게 할 것이다.

이번 장에서는 정비 거점과 서비스 관점의 새로운 정비 사업 모델에 관해 기술하고자 한다.

⚡ 정비 거점 ⚡

본격적인 전기차 시대가 오면, 정비 거점은 변화를 맞이할 수밖에 없다. 내연기관 차량 대비 적은 부품 수, 수리 부품 감소, 정기적인 소모품 교체 항목이 사라지면서 현재의 거점 모델로 사업을 유지하는 건 거의 불가능하기 때문이다.

첫 번째 변화는 '정비 거점 수의 감소'이다. 자동차 제조사의 딜러십과 정비 거점은 보증수리를 담당하고 있어 거점 수가 극단적으로 감소하지는 않을 것이다. 문제는 일반 정비 거점들이다. 특히 대형 정비 거점보다 소규모 정비 거점의 수가 많이 감소할 것이다.

소규모 정비 거점은 차체 수리, 엔진과 변속기 등의 중수리보다 소모품 교체나 간단한 경정비가 메인이다. 그래서 내연기관 차량이 전기차로 전환되면, 정비 수요가 급격히 감소하여 지속적인 사업 운영이 힘들어질 것이다. 극단적인 전망인 것 같지만, 소규모 정비 거점들은 서서히 사라지게 될 것이다.

두 번째는 '정비 거점의 전문화와 기능 다각화'다. 여기서 전문화란 정비뿐만 아니라 자동차 관리에 대한 모든 영역을 의미한다. 자동차 딜러십과 정비 거점은 제조사의 교육 시스템을 통해 정비사들의 기술 역량을 강화하여 배터리와 같은 전기차 전용 부품 수리에 대한 전문성을 확보할 수 있을 것이다. 일반 정비 거점 역시 자동차 딜러십과 정비 거점 수준만큼은 아니겠지만, 정부와 자동차 제조사의 지원을 통해 일정 수준의 전기차 정비 기술과 전기차 전문 정비사를 확보하게 될 것이다.

그리고 흔히 자동차 튜닝이라 불리는 차량 커스터마이징 및 커스터마이징 용품 판매 사업을 정비 거점에서 수행할 확률이 높다. 전기차 비중이 높아지면서 전기차용 커스터마이징 수요 역시 증가하고 있는데, 앞으로 정비 사업자에게 전기차로 인한 수익 감소를 보완해 주는 사업 영역이 될 것으로 보인다. 전기차용 커스터마이징 사업은 자체 사업으로도 가능하지만, 기존 업체들과 거점을 통합하는 방식으로도 가능할 것이다. 예를 들어, 자동차 정비 거점과 자동차 용품 판매점이 협업해 전기차 정비를 위해 방문한 고객에게 커스터마이징 용품을 판매한다거나, 전기차 커스터마이징을 위해 방문한 고객에게 정비 서비스를 제공하는 것이다. 차량 정비든 차량 개조든 차량 관련 수요가 발생하면 추가적인 수익을 창출할 수 있는 모델이다.

마지막으로 '정비 거점의 대형화'이다. 소규모 정비 거점 수는 감소하지만, 대형 정비 거점은 경정비부터 전기차 배터리 교체, 판금, 도색 등의 차체 수리까지 전기차 전반을 수리하는 종합 정비 거점으로 변화할 것이다. 그중 타이어는 내연기관 차량보다 교체 주기가 짧아 수익이 많이 발생하는 부문이므로, 타이어 교체 시설은 반드시 구축해야 할 것이다. 즉, 전기차 시대의 정비 거점은 전기차 수리, 전기차 커스터마이징 작업과 용품 판매, 타이어 교체 시설을 갖춘 대형화된 정비 거점으로 형성될 것이다. 그리고 이런 거점들은 도시보다 상대적으로 저렴한 외곽 지역에 구축되어 인근 지역의 전기차 정비를 담당하게 될 가능성이 높다.

⚡ 정비 서비스 ⚡

내연기관 차량 대비 정비 수요가 현격히 떨어지는 전기차의 경우, 정비 거점은 꼭 필요한 것일까? 결과적으로 말하자면, 정비 부문은 자동차 산업의 핵심축으로, 자동차가 있는 곳에는 반드시 정비 거점이 있어야 한다. 이는 인구가 적은 지역에도 생활에 꼭 필요한 병원, 편의점, 소형 마트 등은 있는 것과 같다. 필수 편의시설이 없는 곳에 사람이 살기 힘든 것처럼, 자동차 정비 거점이 없는 곳에서 자동차를 판매하는 건 현실적으로 불가능하다. 그러나 문제는 전기차 시대에는 지금처럼 많은 정비 거점을 유지하는 것도 현실적으로 불가능하다는 점이다.

이런 상황에 하나의 솔루션이 되는 것이 바로 '모바일 정비 서비스'이다. 모바일 정비 서비스는 정비사가 고객이 있는 곳으로 방문해 차량을 정비하는 서비스로, 현재 국내와 해외에서도 이미 운영되고 있다. 그러나 현재 운영되고 있는 모바일 정비 서비스의 효용 가치는 그리 높다고 할 수 없다. 이미 정비 거점이 많고, 내연기관 차량 특성상 차량의 하부에서 작업해야 하는 항목이 있기 때문이다. 그러나 전기차는 다르다. 내연기관 차량과 달리 구조가 단순하고 부품 수가 적어 오히려 모바일 정비 서비스가 더 적합할 수 있다.

정비 수요와 수익성이 낮은 전기차의 비중이 높아질수록 투자부터 운영까지 고비용이 발생하는 오프라인 정비 거점을 운영하는 건 비효율적인 일이다. 그래서 앞서 언급한 것처럼 전기차 정비 거점이 전문화, 대형화된다면 오프라인 거점은 입고 수리가 필요한 항목 위주로 대응하고, 기본적인 점검과 경정비는 모바일 서비스로 대응하는 것이 효과적이다. 이를 통해 거점 수는 줄이면서 정비 서비스 제공 범위는 확대할 수 있다.

자동차 제조사 중 이러한 콘셉트를 처음으로 도입한 기업은 테슬라다. 물론 테슬라에게 모바일 정비 서비스는 선택이 아닌 필수였을 것이다. 전기차를 위한 정비 거점을 지속적으로 확대하는 건 비용이 많이 들고, 운영 효율성이 떨어지기 때문이다. 또한 자동차 제조사 중 처음으로 OTA 기술을 적용한 테슬라가 다수의 오프라인 정비 거점을 운영하는 건 사업적으로도 좋은 선택이라 할 수 없다.

현재 테슬라는 이동형 정비 차량을 활용한 정비 서비스를 운영하고 있으며, 2020년에는 고객이 정비사를 만나거나 정비하는 시간을 기다릴 필요가 없는 비대면 서비스를 론칭했다. 고객은 테슬라 앱을 통해 작업을 승인하고 수리 진행 상황을 확인할 수 있다.

테슬라의 모바일 서비스 차량

출처: 테슬라

즉, 모바일 정비 서비스는 수익성과 효율성, 그리고 고객 경험 측면에 가장 최적화한 전기차 정비 모델로 볼 수 있다. 그래서 해외에서는 자동차 딜러십뿐 아니라 일반 정비 사업체들도 모바일 정비 서비스를 시행하고 있으며, 단순히 고객이 있는 곳으로 가서 정비 서비스를 제공하는 게 아니라 고객 예약 내용을 바탕으로 차량 문제 현상, 작업 범위, 필요 부품 등을 준비해 정비 서비스의 정확도를 높이는 서비스를 시행하고 있다.

단, 국내는 보증수리를 담당하는 자동차 제조사의 직영 거점과 협력 정비 거점이 잘 구축되어 있고, 한국타이어, 스피드메이트처럼 기업화된 정비 거점과 일반 소규모 정비 거점들이 워낙 많아 이런 모바일 서비스의 필요성은 떨어질 것이다. 국내 정비 사업체 관점에서 모바일 정비 서비스를 운영하는 것은 시간과 비용 측면에서 더 비효율적일 수도 있다.

미국 자동차 딜러 오토네이션에서 운영 중인 모바일 서비스

Not Sure What You Need?

모바일 정비 서비스는 찾아가는 서비스 특성상 강점과 약점이 동시에 존재한다. 다만, 전기차 관점에서만 본다면 확실히 모바일 정

비 서비스의 효용성과 가치는 높을 것으로 전망한다. 기존 모바일 서비스의 취약점이었던 정비 범위 제약은 전기차 특성으로 인해 줄어들 것이며, 운영 비효율성 문제의 경우 오프라인 거점을 축소하고 모바일 서비스 확대하는 것이 오히려 낫기 때문이다. 궁극적으로 모바일 서비스는 전기차 시대에 정비 사업이 맞이하게 될 수익성 저하 위기를 극복하게 하는 대안이 될 것이다.

모바일 정비 서비스의 강점과 약점

구분		강점		약점
고객	편의성	정비 거점 방문 불필요	정비 범위 제약	경수리 중심 운영
	효율성	수리 대기 불필요	환경 제약	날씨, 온도 등에 제약
	개인화 서비스	1:1 상담 가능		
정비 사업자	비용 절약	오프라인 정비 거점 투자 최소화	운영 비효율성	정비 거점 동시 운영 시 효율성 저하
	서비스 확대	지역 확장 용이		

　　가장 중요한 것은 고객에게 필요한 서비스를 제공하는 동시에 사업 운영 관점에서 효율성을 극대화하고 수익성을 증대시킬 수 있는 서비스 모델을 만드는 것이다.

　　전기차 시대를 맞이하는 모든 정비 사업자는 다가오는 변화에 선제적으로 대응할 수 있는 사업 전략이 필요하다. 비단 전기차로 인한 소모품 항목과 정비 부품의 감소 외에도 차량 품질 개선, 첨단 운전자 보조 시스템으로 인한 사고율 감소, OTA 적용 확대 등 무수히

많은 이유로 자동차 정비 수요는 현재보다 감소하게 될 것이다. 아무것도 하지 않고 전기차로의 전환을 바라만 보는 정비업체들은 이러한 변화에 휩쓸려 가듯 사라지게 될 것이며, 자동차 정비 사업은 쇠퇴의 길로 들어서게 될 것이다. 하지만 자동차 산업에서 정비 부문은 필수 불가결한 영역으로, 자동차 산업이 존재하는 한 사라지지 않는 부문이다. 준비된 사람에게 이런 위기는 오히려 기회가 된다. 전기차 전환에 따른 환경 변화와 기회 및 리스크를 철저하게 분석하고 그에 따른 대응책을 수립한다면 오히려 지금보다 더 나은 상황을 만들 수 있을 것이다.

정리하자면, 영세한 소규모 정비 거점들이 사라지면서 나타날 정비 공백을 채우는 전기차 전문 정비 거점을 구축하고, 정비, 커스터마이징 작업과 용품 판매 등으로 사업 영역을 확장하면서 새로운 사업 구조를 만들어야 한다. 그리고 사람들의 편의성을 극대화한 온라인 채널을 기반으로 전기차 정비 수요를 모바일 서비스로 대응하는 플랫폼을 만들어 지금과는 다른, 새로운 사업 모델을 선보일 수 있어야 한다.

아직 시간은 충분하다. 전동화 전환 속도에 집중하면서 최적의 전기차 정비 모델이 무엇인지 정의하고, 수익성과 고객 리텐션을 개선할 수 있는 운영 체계를 구축한다면 전기차 시대의 자동차 정비 시장을 선도할 수 있을 것이다.

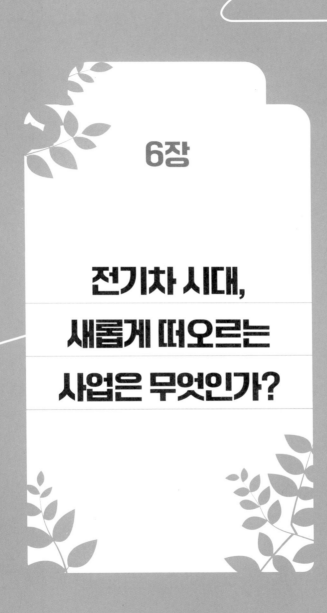

6장

전기차 시대,
새롭게 떠오르는
사업은 무엇인가?

전기차 타이어 전쟁은
이미 시작됐다

　　전기차 시장이 성장할수록 기존 사업 영역인 내연기관 부품 협력 사업과 정비 사업 등은 축소되고, 새로운 사업 영역인 전기차 배터리 사업, 전기차 충전 사업 등은 자동차 산업의 핵심 플레이어로 부상하게 될 것이다. 그러나 자동차 타이어 사업만은 다르다. 기존 사업 부문 중 전기차 시대의 유일한 수혜자는 바로 타이어 제조사다.

　　전기차는 내연기관 차량보다 타이어 교체 주기가 짧다. 주행거리와 조건에 따라 다르지만, 전기차의 타이어 교체 주기는 약 2~3년으로 내연기관 차량의 타이어 교체 주기인 4~5년보다 2~3년 정도 짧은 편이다. 이는 내연기관 차량 대비 전기차의 공차 중량(자동차의 순수한 기본 무게)이 무겁기 때문인데, 실제 전기차는 엔진이 없는 대신 대용량 고전압 배터리가 탑재되고, 배터리가 차량 하부에 위치해 내연기관 차량보다 하중이 25~30% 정도 증가한다. 또한, 내연기관 차량보다 출력이 강해 출발과 가속 시점의 타이어 마모도가 내연기관 차량보다 20% 정도 빠르다.

이것은 타이어 제조사와 정비업체에 굉장히 반가운 소식이다. 타이어 교체 주기가 짧다는 것은 타이어 공급 물량이 증가한다는 뜻이고, 전기차 비중이 높아질수록 높은 매출을 확보할 수 있기 때문이다. 게다가 전기차 타이어는 일반 타이어보다 고가여서 영업이익도 높다. 정비업체로서도 내연기관 차량 대비 타이어 교체 주기가 짧다는 것은 정기적으로 교체하는 소모품이 거의 없는 전기차에서 매출을 확보할 수 있어 의미가 크다.

전기차 타이어 시장 전망은 매우 밝은 편이다. 글로벌 시장조사업체인 프레지던스 리서치는 전기차 타이어 시장 규모가 2022년 460억 7,100만 달러에서 2024년 620억 9,100만 달러, 그리고 2030년에는 1,560억 8,700만 달러까지 증가할 것으로 전망했다.

이러한 긍정적인 예측에 많은 타이어 제조사가 적극적으로 전기차 타이어 개발에 뛰어들고 있다. 내마모성(마찰에 닳지 않고 잘 견디는 성질)과 내구성이 우수한 타이어, 주행거리를 포함한 차량 성능을 높일 수 있는 타이어를 개발하기 위한 타이어 제조사 간의 기술 경쟁은 점차 치열해지고 있다.

글로벌 타이어 제조사인 미쉐린타이어, 브리지스톤, 굿이어, 콘티넨탈은 현재 전기차 타이어를 출시하여 판매하고 있고, 국내 타이어 제조사들의 경우 이들과의 차별점을 강조하기 위해 전기차 타이어 브랜드를 론칭하고 있다.

한국타이어는 2022년 글로벌 최초로 전기차 타이어 브랜드인 '아이온(iON)'을 론칭한 데 이어, 퍼포먼스용 타이어 '아이온 evo', 사계절용 타이어 '아이온 evo AS', 겨울용 타이어 '아이온 icept' 그리고 롱마일리지 타이어 '아이온 ST AS'까지 용도와 계절에 맞는 다양한 전기차 타이어 포트폴리오를 확대했다.

타이어 규격 역시 기존 20개에서 220개 이상으로 확대했는데, 이는 전 세계에서 판매되는 전기차에 한국타이어의 아이온을 장착할 수 있다는 뜻이다. 실제 한국타이어가 자동차 생산공장에 공급하는 신차용(OE, Original Equipment) 타이어 공급에 있어 전기차 타이어의 비중은 2021년 5% 수준이었던 데에 반해 2022년에는 11%, 2023년 15%로 매년 증가하고 있다. 자동차 제조사들 역시 전기차 타이어의 성능과 가치를 인정한 것으로 볼 수 있다.

그 외 금호타이어는 전기차 타이어 브랜드 '이노뷔(EnnoV)'를 출시했고, 넥센타이어는 각종 전시회에서 전기차 타이어 신제품을 선보이며 시장 공략에 나서고 있다.

한국타이어 아이온 라인업

타이어 제조사들이 전기차 타이어를 개발해 전기차 시장을 공략하는 주요 이유는 완성차 제조사와 신차 타이어 공급 계약을 맺는 동시에 교체용(RE, Replacement Equipment) 타이어 수요까지 높이기 위함이다. 신차용 타이어 공급 물량을 확보하면 안정적인 사업 구조를 구축할 수 있을뿐더러 인지도를 상승시켜 자동차의 생애주기 동안 정기적으로 발생하는 교체용 타이어의 시장점유율을 높일 수 있다.

전형적인 B2B 사업인 전기차 배터리나 자동차 부품과 달리 타이어, 윤활유 등의 에프터마켓 용품은 B2B/B2C(Business to Consumer, 기업과 소비자 간 거래) 사업이고, 신차용 공급 수요보다 교체용 공급 수요가 훨씬 더 중요하다. 전기차 배터리를 예로 들면, LG에너지솔루션의 배터리를 탑재한 차량에 삼성SDI에서 생산한 배터리를 탑재할 수는 없다. 그러나 타이어는 다르다. 어떤 타이어로 교체할지가 전기차 소유자의 선택에 달려 있다. 미쉐린타이어의 전기차 타이어를 장착한 차량에도 규격만 맞으면 얼마든지 한국타이어의 아이온을 장착해도 된다.

그러므로 타이어 시장에서 중요한 건 최종소비자(end-user)의 선택을 받는 것이다. 타이어 제조사는 사람들에게 전기차 타이어의 중요성을 인식시키고, 자사 제품을 선택하게 만들기 위해 마케팅 기능을 강화해야 한다. 전기차 사용자들의 타이어 선택 기준을 정확히 파악하고 그에 맞는 마케팅 전략을 수립하고 적극적으로 실행해야 한다. 또 하나 중요한 것은 정비 거점 등 타이어 교체 네트워크를 공략해 자사 제품을 취급하게 하는 것이다. 한국타이어의 아이온 장착을 원하는 고객이 정비 거점에 아이온이 없다고 해서 다른 정비 거점으로 갈 일은 없을 것이다.

결론적으로 타이어 제조사들은 사람들에게 전기차 타이어의 중요성을 인식시키는 걸 넘어 자사 제품에 대한 브랜드 로열티를 갖도록 만들어야 한다. 이를 위해서는 기능적인 소구뿐만 아니라, 고객에게 긍정적인 경험을 제공할 수 있는 제품 개발과 마케팅 활동이 필요하다. 또한, 기존 정비 거점 또는 타이어 교체 거점들과 긴밀한 협력 관계를 구축해 시장 내 공급 물량을 선점해야 한다. 이를 달성한 타이어 제조사는 향후 거대 시장으로 성장할 전기차 타이어 시장에서 승자가 될 수 있을 것이다.

전기차 윤활유,
정유사의 새로운 성장 동력이 될 수 있을까?

자동차 엔진오일로 대표되는 윤활유 사업 역시 주유업, 자동차 정비 사업과 함께 전기차 시장이 성장할수록 타격을 받는 영역이다.

자동차의 주행거리 1만~1만 5,000km가 될 때마다 교체해야 하는 엔진오일은 정비업체와 정유사에 있어 굉장히 안정적인 수입원이 되어주었다. 그러나 자동차 산업이 전기차 중심으로 재편되면 내연기관 차량이 감소하는 만큼 엔진오일을 비롯한 자동차 윤활유 판매가 감소하게 된다. 정유사로서는 위기이다. 이에 최근 많은 정유사가 본격적인 전기차 시대에 대비하기 위해 새로운 사업에 도전하고 있다. 그중 하나가 '전기차 윤활유' 사업이다.

전기차 윤활유는 배터리의 성능 향상, 전기모터와 기어의 열을 식히는 냉각, 그리고 차량 내부에서 불필요하게 흐르는 전기를 차단하는 절연 역할을 담당한다. 기존 엔진오일과 달리 전기차 윤활유는 교체 주기가 10만~10만 5,000km에 달해 교체용보다는 신차용으로 공급된다고 볼 수 있으며, 그만큼 가격은 내연기관 차량 대비 10~20%로 높은 수준이다.

시장조사업체 BIS리서치에 따르면, 전 세계 전기차 윤활유 시장은 2022년 2조 원에서 2031년 약 23조 원 수준으로 높아질 전망이다. 국내 정유사들이 전기차 윤활유 시장에 적극적으로 진출하고 있는 이유다.

SK엔무브는 2010년부터 전기차 윤활유를 개발하기 시작해 현재 주요 자동차 제조사에 전기차 윤활유를 공급하고 있다. 그리고 2023년에는 데이터센터 등 전기 에너지를 사용하는 곳 어디에서든 사용할 수 있는 '지크 e-플로' 브랜드를 출시해 엔진오일을 넘어 전력 효율화 시장을 연다는 포부를 밝혔다.

그 외, GS칼텍스는 전기차 윤활유 브랜드인 '킥스(Kixx) EV'를, S-OIL은 '에스오일 세븐 EV'를 출시했고, HD현대오일뱅크는 국내외 모든 전기차에 사용할 수 있는 탑티어 1종과 테슬라 등 일부 차량 전용으로 사용할 수 있는 미드티어 2종으로 나눠 '현대 엑스피어 EVF(Electric Vehicle Fluid)'를 출시했다.

SK엔무브 전기차용 윤활유의 성능과 특성

전기차용 윤활유
요구 성능

SK엔무브
전기차 전용유 특성

효율성
에너지 손실 감소를 통한
전비&주행거리 향상

맞춤형 점도 제공

뛰어난 냉각 성능

우수한 전기 안전성 제공
전기차는 윤활유가 전기 구성요소와 직접 접촉하므로
단락을 방지하기 위해 전기 절연 기능을 강화

안전성
하드웨어 내구성 보호
성능/전기적 특성 강화를
통한 안전성 개선

기어 및 주요 부품 보호 기능 강화
배터리 무게 등으로 무거워진 차체 하중으로부터
기어 등 주요 부품 손상 방지 기능

내장재 부식성 개선
전기차 주요 부품에 사용되는 구리와 필수 금속 부품의
부식성 개선

사용수명 연장
모터와 e-Drive
전기차의 주요 부품 성능
저하 방지를 통한 사용
수명 연장

산화 안전성 강화
산화 안전성을 기반으로 긴 오일 교환 주기를 보장하고
수리 유지 비용 절감

출처: SK엔무브

전기차 윤활유 사업에서 새롭게 떠오르는 분야는 '액침냉각 윤활유'다. 액침냉각이란, 전기차 배터리, 데이터 서버, ESS 등과 같이 지속해서 열이 발생하는 물체를 전기가 통하지 않는 특수 플루이드에 담가 열을 식히는 기술이다. 공기로 열을 식히는 공랭식이나 물로 열을 식히는 수랭식보다 효율이 높은 것으로 알려져 있다. 2024년부터 불거진 전기차 화재 사고로 인해 전기차와 배터리 안정성에 대한 우려가 커지면서 배터리 열관리 시스템의 중요성 역시 높아지고 있다. 이에 정유사들도 새로운 성장 동력 확보 차원으로, 전기차 배터리용 액침냉각 윤활유 개발에도 적극적으로 참여하고 있다.

구체적으로, SK엔무브는 2022년 국내 최초로 냉각 플루이드 개발에 참여하여 전기차 배터리와 ESS 등 다양한 전기·전자 시스템에 사용할 수 있는 제품을 개발 중이며, GS칼텍스는 액침냉각 전용 윤활유 '킥스 이머전 플루이드 S'를 출시하여 열관리 시장에 진출하고 전기차 액침냉각 기술 적용 가능성을 검토 중이다.

전기차 시장이 성장함에 따라 내연기관 윤활유 시장은 축소될 것이기에, 정유사들의 전기차 윤활유 사업 진출은 당연한 선택이라 할 수 있다. 다만 기존 내연기관 윤활유는 자동차 생애주기 동안 정기적으로 교체하는 소모품인 반면, 전기차 윤활유는 교체 주기가 매우 길어 사실상 일회성 공급품이 될 확률이 높다. 이는 전기차 시장 규모가 아무리 커져도, 자동차 생산공장에 신차용으로 공급되는 전기차 윤활유 사업은 그 성장성에 한계가 있다는 의미다.

따라서 정유사들은 전기차 윤활유의 기능 확대와 공격적인 마케팅을 통해 새로운 수요를 창출하여 시장 규모 자체를 키워야 한다. 전기차 성능 향상, 배터리 품질 확보 등 전기차 고객들이 원하는 기능을 충족시킬 수 있는 전기차 윤활유를 개발하고, 그 효과와 필요성에 대해 시장에 명확하게 전달하는 것이다. 사람들이 전기차 윤활유의 중요성에 대해 인지한다면, 10만~10만 5,000km 교체 주기가 아닌 차량 성능 유지를 위한 자체적인 교체 주기를 설정할 수 있을 것이다. 이를 통해 전기차 윤활유의 공급 물량을 증대시킬 수 있고, 전기차 비중이 높아짐에 따라 윤활유 사업 규모 역시 성장하게 될 것이다.

대표적인 사례로 불스원의 '불스원샷'을 살펴보자. 불스원샷은 국내에서 독보적인 인지도를 보유한 자동차 연료 첨가제로, 주요 기능은 엔진에 낀 카본 제거, 연소 효율과 출력 향상 그리고 노킹을 예방해 엔진의 성능을 유지하는 것이다. 그런데 흥미로운 사실은 이런 불스원샷의 효과를 그 어떤 자동차 제조사도 공식적으로 인정하지 않았다는 점이다. 오직 불스원의 공격적인 마케팅과 판매점 확보를 통해, 사람들이 불스원샷의 효과를 믿고 구매하게 해 지금의 시장 규모를 만들어냈다.

2023년 기준 불스원의 매출은 1,482억 원, 영업이익은 100억 원원으로 2022년 대비 9.9%, 16.5% 증가한 수치이며, 특히 불스원샷은 2022년 대비 10% 이상의 매출 성장을 달성했다.

결국, 미래 전기차 시대에는 내연기관 윤활유 시장이 사라지고

전기차 윤활유 시장만 남게 될 것이다. 물론 전기차 윤활유 사업만
으로 기존 내연기관 윤활유 사업을 100% 대체하는 건 어렵다. 그렇
기에 정유사들은 전기차 윤활유 사업 규모를 확대하기 위해 노력해
야 한다. 제품 경쟁력이 뛰어난 전기차 윤활유 개발과 공격적인 마케
팅을 통해 자동차 에프터마켓에서의 핵심 품목으로 자리 잡을 수 있
다면, 자동차 생산공장에 공급되는 신차용 품목이 아닌, 자동차 생애
주기에 따라 정기적으로 교체하는 애프터마켓 품목이 될 수 있을 것
이다. 전기차 윤활유 시장에서의 확고한 브랜드 정체성을 보유한 제
품이 없는 지금이야말로, 그 기회를 잡을 수 있는 최적의 시점이라 할
수 있다.

전기차 폐배터리 재활용,
배터리 사업의 밸류체인을 완성하다

전기차 비중이 높아짐에 따라 전기차 배터리의 생산량이 증가하면서 자연스럽게 관심이 높아진 분야가 있다. 바로 '전기차 폐배터리 재활용' 분야다. 특히 기존 내연기관 차량의 엔진이나 변속기 재활용보다 전기차 폐배터리 재활용의 가치가 높아 사업 매력도도 높을 것으로 보인다.

예를 들어, 잔존 가치가 70~80% 이상인 폐배터리는 ESS로 재사용할 수 있고, 셀 단위로 분해하면 마이크로 모빌리티 등에 장착되는 소형 배터리 제작에 재사용할 수 있다. 그리고 전기차 배터리에는 리튬, 코발트, 니켈, 망간 등의 소재가 함유되어 있어, 전기차 배터리 제작을 위한 핵심 원자재 확보 차원에서도 그 가치가 높을 것으로 여겨진다.

2024년, SNE리서치는 글로벌 폐배터리 시장이 2030년 70조 원에서 2040년 230조 원, 그리고 2050년에는 600조 원 규모로 성장할 것으로 전망했다. 또한 세계 전기차 폐차 대수는 2025년 56만 대에서 2040년 4,227만 대로, 폐배터리 발생량은 44GWh에서 3,339GWh로 증가할 것으로 예상했다.

배터리 교체 기준은 배터리의 건강도를 나타내는 SOH(Status of Health) 수치로 결정되는데, 주행거리에 따라 다르지만 보통 10년 경과 시점을 배터리 교체 주기로 본다. 또한, 전기차 시장이 성장함에 따라 전기차 배터리 교체와 폐차 대수도 증가할 것이므로, 폐배터리 재활용 사업 규모 또한 급격히 커질 것이다. 자동차 제조사부터 배터리 소재 기업까지 많은 기업이 전기차 폐배터리 사업에 진출하고 있는 이유다.

자동차 제조사 최초로 전기차 배터리 재활용 공장을 구축한 곳은 메르세데스 벤츠다. 2024년 공장을 구축한 메르세데스 벤츠는 연간 2,500톤 규모의 폐배터리를 처리하고, 배터리 원자재 재활용을 통해 연간 5만 개 이상의 전기차 배터리 모듈을 생산할 것으로 발표했다. 리튬, 니켈, 코발트 등 전기차 배터리 제작에 활용되는 핵심 원자재를 회수하여 사용함으로써 실제 전기차 원가 경쟁력을 확보할 수 있을 것으로 본다.

가장 중요한 것은 배터리 기술력 확보다. 메르세데스 벤츠의 전기차 배터리 재활용 사업은 향후 배터리 기술 내재화에 중요한 자산이 될 것이다.

메르세데스 벤츠의 배터리 재활용 공장 전경

출처: Mercedes-Benz

세계 최대의 배터리 제조사인 중국 CATL도 유럽 내 전기차 배터리 재활용 사업에 진출한다고 발표했다. 2024년 CATL 유럽 운영 책임자인 제이슨 첸은 헝가리 데브레첸에서 기자회견을 열어 재활용

시설 후보지 결정과 관련해 헝가리를 포함한 여러 유럽 정부와 협상을 진행하고 있다고 밝혔다. CATL의 유럽 생산공장 확장에 재활용 공장까지 포함한 것이다.

국내에서는 현대자동차그룹 산하인 현대글로비스와 세계 최대 규모 전기차 배터리 원소재 생산기업인 화유코발트의 자회사 저장화유리사이클링테크놀로지(Zhejiang Huayou Recycling Technology)의 'EV 배터리 사업 협업 관계 구축을 위한 업무협약(MOU)'이 눈에 띈다. 이를 통해 국내외 ESS 사업 협력, 글로벌 전기차 폐배터리 재활용 순환 체계 구축, 배터리 제조 원부자재와 재활용 자원 등 배터리 생태계 전반의 공급망 관리와 물류 운영 최적화를 위한 협력을 이행할 것으로 기대된다.

또한, SK에코플랜트의 자회사 SK테스는 2024년 유럽 네덜란드에 폐배터리 재활용 공장을 준공했다. SK테스는 이 공장을 통해 연간 전기차 4만 대 분량의 배터리 재활용 처리와 최대 1만 톤의 블랙매스(Black mass)를 생산할 수 있다고 발표했다. 블랙매스는 폐배터리를 수거하여 방전시킨 뒤 해체·분쇄해 만든 검은 가루로, 후처리 공정을 거치면 리튬, 코발트, 니켈 등 배터리 생산에 필요한 원자재를 회수할 수 있다. SK테스는 네덜란드 공장 인근에 추가로 2공장 건설을 추진 중이며, 준공 시에는 연간 총 2만 5,000톤의 블랙매스를 생산할 것으로 전망된다.

전기차 폐배터리 재활용 영역은 활용 범위와 규모 측면에서 전망이 밝은 사업이다. 폐배터리 재활용 프로세스를 통해 전기차 배터리 생산에 필요한 핵심 원자재를 확보할 수 있고, 재제조 배터리를 생산할 수 있다는 점에서 자동차 제조사뿐만 아니라 배터리 제조사, 배터리 소재 기업에도 굉장히 매력적인 사업이다. 단, 전기차 배터리 재활용 사업의 성공 여부는 충분한 폐배터리 물량 확보와 재활용 회수율에 달렸다.

2025년은 1세대 전기차가 출시된 지 약 10년이 지난 시점으로, 배터리 교체 시기와 맞물려 폐배터리 물량이 증가할 것이란 전망이 나오기 시작했다. 하지만 전기차 배터리가 10년 차에 교체된다는 보장은 없다. 자동차 제조사의 보증수리는 배터리 SOH 기준값에 따라 무상으로 교체해 줄 것이며, 전기차 고객들이 10년 차에 유상으로 고가의 배터리를 교체할 가능성은 희박하다. 결국 신차 구매나 차량을 폐차시킬 때 폐배터리 물량이 나온다는 것인데, 현재의 전기차 대수로 봤을 때 그리 큰 규모는 아닐 수 있다. 또한, 차량 전손 시에는 폐배터리를 통해 얻을 수 있는 원자재가 거의 없을 것이며 재활용 가치 역시 낮을 것이다.

결국, 사업 측면에서 중요한 것은 '시점'이다. 전기차 폐배터리 물량을 충분히 확보할 수 있는 시점에야 배터리 재활용 사업은 빛을 볼 수 있을 것이다. 아무리 사업 전망이 좋다 하더라도 충분한 폐배터리 물량을 확보하지 못한다면 사업성은 극히 떨어진다. 특히 소규모 업체나 기반을 갖추지 못한 기업들이 폐배터리 재활용 사업에 참여한다면, 사업 초기의 어려움과 손실을 고려해야 할 것이다.

　　전동화 속도와 폐배터리 물량 확보 시점에 맞춰 단계별로 사업 기반을 갖춰나가는 기업만이 전기차 배터리 재활용 사업에서 성공할 수 있다. 물론 자동차 제조사는 향후 전기차 기술 내재화와 재제조 배터리 확보 측면에서, 배터리 제조사와 소재 기업은 배터리 생산에 필요한 원자재 확보와 사업 확대 측면에서 전기차 폐배터리 사업 기반을 조기에 구축하는 것이 중요하다. 전기차 배터리 생산에서부터 재활용까지의 밸류체인을 구축한다는 건, 전기차 시장에서 차별화된 경쟁 우위를 보유했음을 의미하기 때문이다.

모빌리티 서비스, 전기차 시대를
준비하기 위한 속도 조절이 필요하다

전기차 시대가 본격화됨에 따라 모빌리티 서비스 역시 변화를 맞이하게 되겠지만, 다른 사업 영역에 비해 그 임팩트는 크지 않을 것이다. 기본적으로 자동차를 기반으로 한 모빌리티 서비스는 기존 내연기관 차량에서 전기차로 차종이 바뀌는 것이고, 서비스의 본질 자체는 변하지 않기 때문이다.

물론 전기차 시장이 성장함에 따라 모빌리티 서비스에서 전기차의 비중도 높아지고 있다. 카헤일링 사업 관점에서 영업용 차량(우버, 택시 등)의 전기차 전환 속도는 생각보다 빠른 편이다. 한국자동차모빌리티산업협회에 따르면, 2021~2023년까지 국내에 등록된 전기차 택시는 약 3만 3,400대로, 이는 해당 기간 총 택시 등록 대수인 11만 1,500대의 30%이다. 2018~2020년까지 전기차 택시 비중이 2.3%였던 것을 고려하면 엄청나게 빠른 속도로 성장했음을 알 수 있다. 고객이

내는 요금은 동일하지만, 유류비보다 저렴한 충전 비용, 차량 유지비 절감 등 운영 비용이 감소하니 전기차의 비중이 높아지는 건 당연한 일이다. 물론 긴 충전 시간과 높은 차량 가격이 문제가 될 수 있다. 그러나 이는 장기적으로 해소될 사안이다. 전기차의 상품성이 좋아질수록 우버 드라이버와 같은 개인사업자와 택시업체는 수익성이 좋은 전기차를 선택할 것이다.

직접 차량을 구매하여 서비스를 운영하는 카셰어링 사업 역시 전기차의 비중은 지속 증가하는 추세다. 국내 최대 규모의 렌터카 회사인 롯데렌터카의 2022년 전기차 보유 대수는 1만 8,600대 수준으로 직전 연도 대비 28%가 증가했다. SK렌터카의 전기차 대수는 전년 대비 104% 증가한 1만 3,700대로 집계됐다. 앞으로도 카셰어링 업체의 친환경차 도입은 꾸준히 증가할 것이다. 2021년 '한국형 무공해차 전환 100'에 참여한 롯데렌탈, SK렌터카, 쏘카 등의 업체들은 2030년까지 보유/임차한 차량을 100% 전기/수소차로 전환해야 한다. 장기적으로 전기차로의 전환은 거스를 수 없는 시대적 흐름이 됐다.

그러나 현시점에서 모빌리티 서비스는 전기차 전환에 적극적으로 대응할 필요는 없다. 무리하게 전기차 비중을 높이고 과도하게 투자하는 건 사업적으로 굉장히 비효율적인 결정이다. 모빌리티 서비스를 이용하는 고객 중에 반드시 전기차 택시나 렌터카를 이용해야만 하는 사람이 얼마나 될까? 아마 거의 없을 것이다. 즉, 전기차 비중이 높다고 해서 매출이나 시장점유율이 상승하는 것도 아니고, 오히려 투자로 인한 비용만 증가할 뿐이다. 카카오모빌리티가 전기차 택시 사업 지원을 위해 자체적으로 충전소를 구축하거나, 쏘카가 전기차 비중을 높인다고 가정해보자. 전체 택시 차량의 30%를 차지하는 전기차를 위해 카헤일링 업체가 충전소를 구축하는 것이 얼마나 비효율적인 일인가? 카셰어링 업체가 내연기관 차량 대비 고가에다 인프라 구축 비용도 높은 전기차 비중을 높일 필요가 있을까? 지금은 기존 사업 체계 고도화를 통해 극한의 수익성과 혁신 기반을 확보하는 것이 더 중요하다. 전기차는 최소한의 비중으로 운영하면서, 향후 전기차 시대를 대비하기 위한 준비를 하면 된다.

물론 모빌리티 서비스도 전기차 시대에 대응하기 위한 준비는 필요하다. 다만 이를 위해 전기차 비중을 30%, 50%까지 증가할 필요는 없다. 이 모든 준비는 정부 정책, 자동차 제조사의 전동화 전략과 시장 상황을 맞춰 진행해야 한다.

카헤일링 업체 (우버 등)	전기차 기반 서비스 운영을 위한 인프라 구축 지원 – 다양한 업체와의 전략적 협업을 통한 충전소, 정비 거점 확보
	서비스 UI(User Interface)/UX(User Experience) 개선
카셰어링 업체 (롯데렌터카 등)	전기차 감가상각까지 고려한 가격 정책 수립
	전기차 잔존가치 평가를 기반으로 적정 차량 매각 시점 설정
	차량 관리, 정비/충전 인프라 구축 최적화 등을 통한 운영 비용 절감

다가오는 전기차 시대를 보며 조급해할 필요는 없다. 전기차로의 급진적인 전환이나 서비스 혁신은 오히려 부정적인 결과를 가져올 것이다. 지금은 미래를 위한 속도 조절을 할 시기다. 기존 모빌리티 서비스 체계를 정교화하면서 점진적으로 전기차 전환을 위한 전략과 로드맵을 준비하면 된다. 서비스 수익성 극대화 방안은 무엇인지, 전기차 데이터 활용 방안은 무엇인지, PBV 등 새롭게 출시하는 전기차를 활용한 서비스는 무엇인지 등 전기차 중심의 모빌리티 생태계에서 새로운 사업 기회를 발굴하는 것이 핵심이다. 전기차 시대에도 모빌리티 서비스에 대한 사람들의 니즈는 증가할 것이며 더 많은 사업 기회가 창출될 것이다.

전기차 시대가
다가오고 있다

　　최초의 전기차가 실패한 뒤, 전기차는 아주 오랫동안 세상에 나오지 않았다. 그러나 테슬라에서 비롯한 새로운 전기차 시대는 달랐다. 자동차 산업을 넘어 모빌리티 생태계의 판도를 흔들었다.

　　2020년부터 전기차 시장이 급성장하면서 자동차 제조사들은 전기차 경쟁력 확보를 위해 전동화 전략을 수립하고 중장기 관점에서의 사업 개편을 추진했다. 미래 전기차 라인업을 제시하고 적극적으로 신차를 출시하며 글로벌 시장 공략에 나섰다.

　　배터리, 충전, 타이어 등 전기차 관련 사업의 성장세가 두드러지고, 글로벌 기업들의 전기차 사업 진출과 투자가 확대되며 사업의 규모가 커지기도 했다. 많은 제한 상황과 이슈가 존재했지만, 전기차 대세론에 의문을 제기하는 사람은 많지 않았다.

　　그러나 2023년 하반기부터 전기차 수요가 정체하기 시작해 2024년에 본격적인 전기차 캐즘 구간에 진입했다. 전기차 판매 관련 사업들의 실적이 급감했고, 차량 가격, 충전 인프라, 품질 안정성 등의 문제점들이 부각되기 시작했다. 게다가 2024년 미국 대통령으로 도널드 트럼프가 당선되면서 전기차에 대한 부정적 전망이 쏟아져 나왔고, 국내에서는 전기차로 인해 대형 화재로 인해 전기차 포비아가 생겨났다. 전기차에 대한 부정적 인식, 전기차 판매 저조, 중고 전기차 가격 하락 등의 악재가 겹쳤다.

그러나 자동차 산업은 결국, 전기차 중심으로 재편될 것이다. ESG(Environment, Social, Governance) 경영, 탄소중립 등 전 세계적으로 친환경 경영이 중요시되고 있는 상황에 전동화는 거스를 수 없는 흐름이기 때문이다. 자동차 제조사, 배터리 제조사, 정유사, 부품업체, 충전 사업자까지 전기차 확대를 위한 투자와 자원을 할당하는 상황이라 전동화라는 큰 방향성은 절대 바뀌지 않을 것이다. 그러므로 전동화에 대한 의문과 분석은 시간 낭비다. 중요한 건 전기차 시대에 무엇(What)을 어떻게(How) 할 것인지를 알고 준비하는 것이다.

핵심은 전략과 실행이다. 국가별 전기차 정책, 자동차 제조사별 전동화 전략, 전기차 판매 동향, 소비자 반응 등 환경 분석을 통해 단기-중장기 관점에서의 사업 전략 수립과 이를 달성하기 위한 핵심 과제를 추진해야 한다.

전기차 시대를 준비하기 위해 각 사업 영역별로 무엇을 해야 하는지는 이미 정해졌다.

배터리 제조사는 전기차 배터리 기술 리더십을 확보하기 위한 제품 경쟁력 강화 로드맵을 정립하고, 사업 수주를 위해 자동차 제조사별로 차별화된 대응 전략을 수립해야 한다. 전기차 충전 사업자는 충전 인프라의 본격적인 확대 시점을 분석하고 가장 이상적인 전기차 충전 모델이 무엇인지 정의해야 한다. 이를 위해 초고속 충전기 개발, 충전소 구축, 충전 서비스의 고도화를 선도해야 한다. 자동차 정비 사업자는 전기차로 인한 사업의 위기를 명확히 인지하고, 전기차 전문 정비사 육성과 정비 수익성 감소에 대한 방안을 모색해야 한다. 그리고 타이어, 전기차 윤활유, 폐배터리 재활용, 모빌리티 서비스 등 주요 사업 부문들은 전기차 시대의 새로운 기회를 놓치지 않고 시장 경쟁력을 강화하기 위한 사업 체계를 구축해야 한다.

여기에 전기차 시장 변동성을 고려해 과도한 투자와 확대는 지양해야 하지만, 미래 성장을 위한 준비는 필수다. 물론 어려운 일이다. 결국, 사업 영역별 핵심 역량을 육성하는 것이 중요하다. 산업에 대한 전문성을 확보하고 미래 변화를 예측할 수 있는 통찰력과 그에 맞는 의사결정 그리고 실행력이 필요하다. 완벽할 수는 없다. 성공과 실패 속에서 핵심 역량의 수준은 높아질 것이며, 이는 곧 시장 내에서 차별화된 경쟁력으로 이어질 것이다.

본격적인 전기차 시대가 다가오고 있다. 그리고 우리는 그 중요한 지점에 와있다. 기회와 위기가 공존하는 전기차 시대에, 차별화된 경쟁력으로 시장을 선점할 수 있다면 지속 성장할 수 있는 기반을 구축할 수 있을 것이다. 물론 전기차 사업에 참여한 기업들과 임직원들은 지금도 치열하게 고민하면서 업무를 수행하고 있다. 그들의 노력과 헌신으로 우리는 더욱 이상적인 전기차 시대를 맞이할 것이다.

이 책이 전기차 시대를 준비하고 있는 사람들에게 조금이라도 도움이 되길 바란다.

　이게 바로 미래 자동차의 모습이 아닐까? 미국 테슬라 쇼룸에서 모델 S를 처음 봤을 때 들었던 생각이다. 처음 전기차를 운전했을 때 느꼈던 전기차 특유의 조용함과 가속감은 정말 신선했다. 운전 거리에 따라 줄어드는 주행 가능 거리와 긴 충전 시간 역시 내연기관 차량과는 확연하게 다른 경험이었다. 이후 자동차 제조사별로 다양한 전기차가 출시되고, 자동차를 넘어 다양한 분야에서 전기차 관련 사업들이 탄생하는 것을 보며 전기차 시장이 본격적으로 성장하고 있다는 걸 체감했다. 물론 전기차 수요가 정체되면서 전기차 캐즘과 같은 부정적인 전망도 보게 됐다.

　전동화가 자동차 산업의 미래 방향이라는 점에 대해서는 믿어 의심치 않는다. 중요한 건 미래로 가는 길에 놓인 수많은 이슈와 문제점을 개선하고, 사람들에게 최상의 모빌리티 경험을 줄 수 있는 전기차 시대를 만드는 것이다. 그리고 이는 자동차, 배터리, 충전 등 전기차와 관련된 각 사업 영역을 주도하는 글로벌 기업들이 중심이 되어 만들어 낼 것이다.

　이 책은 두 번째 출간하는 책이다. 책을 쓴다는 것은 놀라운 경험이다. 어떤 분야에 대해 내 생각을 정리하여 공유한다는 건 그 자체로도 의미 있는 일이지만, 해당 분야의 전문성을 높이기에도 좋은 방법이다.

15년 넘는 시간 동안 글로벌 탑티어 기업들의 전략 담당자로, 그리고 모빌리티 플랫폼 기업의 전략 임원으로 근무하면서 쌓은 전문성과 경험은 나에게 소중한 자산이 되었다. 올바른 결정으로 프로젝트를 성공시키거나 성과를 냈을 때의 성취감, 그리고 그렇지 못했을 때의 좌절감 또한 실무자로서 때로는 리더로서 더 성장할 수 있는 밑거름이 되었다.

　　또한, 미래 모빌리티 전문가로 발돋움하기 위해 산업 동향과 핵심 트렌드에 주의를 기울이면서 회사 업무 외의 많은 것을 배우려고 노력했다. 이 책을 통해 전기차 관련 사업에서 일하고 있는 현직자들, 전기차에 관심 있는 사람들과 의견을 나눌 수 있었다. 가장 멋진 경험이라고 생각한다.

　　앞으로도 AI, 전기차, UAM 등 미래 모빌리티 트렌드에 대해 분석하고, 사람들에게 더 나은 모빌리티 라이프를 선사할 수 있도록 현업에서 최선을 다할 계획이다.

　　마지막으로 이 책을 집필하는 데 도움을 준 분들에게 감사의 글을 남긴다. 세상에서 가장 존경하고 사랑하는 부모님, 언제나 나의 편이 되어준 형과 가족들 그리고 친구들에게 감사함을 표한다. 그들의 믿음과 지지로 앞으로 나아갈 수 있었다.

　　이제까지 함께 근무한 모든 선후배 동료들에게도 감사한 마음을 보낸다. 함께 일했던 매 순간은 직장 생활에 있어 가장 빛나는 시간이었다. 그들과 나눈 생각과 논쟁들이 쌓여 이 책을 쓸 수 있었다고 생각한다.

사랑하는 조카 태민, 태현에게도 고마움을 전한다. 태민이와 태현이가 경험할 전기차 시대는 우리가 생각했던 것 이상으로 좋은 세상이 되길 바란다.

참고 자료

- 〈이차전지 수출 변동 요인과 향후 전개 방향〉, 한국무역협회
- 〈글로벌 EV 시장 동향 및 전망〉, 에너지경제연구원 재생에너지정책연구실
- 〈자동차산업 인력현황 조사·분석〉, 한국자동차연구원

참고 사이트

- https://www.molit.go.kr
- https://me.go.kr
- https://ev.or.kr
- https://www.sneresearch.com
- https://www.hyundai.com
- https://pressroom.toyota.com
- https://media.toyota.co.uk
- https://www.tesla.com
- https://www.press.bmwgroup.com
- https://group.mercedes-benz.com
- https://www.shell.co.uk
- https://gscaltexmediahub.com
- https://skinnonews.com
- https://www.skenmove.com
- https://www.hankooktire.com
- https://newsroom.posco.com
- https://www.ionity.eu
- https://evtrendkorea.co.kr
- https://www.instagram.com/theapplehub
- https://www.elecvery.com
- https://www.autonationmobileservice.com